志ん朝、円楽、談志……

いまだから語りたい、昭和の落語家楽屋話

好楽が見た
名人たちの素顔

三遊亭好楽

河出書房新社

志ん朝、円楽、談志……

いまだから語りたい昭和の落語家 楽屋話

好楽が見た名人たちの素顔

開口一番

落語家と「楽屋」

落語家にとって寄席は修行の場です。前座見習いの頃は入門した師匠の身の回りの世話が主な仕事ですが、前座になれば誰でも寄席の楽屋に入り、落語家としての基本を学ぶことになります。

現在、都内には上野鈴本、新宿末廣《すえひろ》亭、池袋演芸場、浅草演芸ホール、国立演芸場と五軒の寄席があります。新型コロナウイルスの感染拡大で何回か休業に追い込まれました。そんな中で落語協会、落語芸術協会が手を組み、「寄席を守ろう」とファンから寄付を募りました。相当な額のお金が集まりましたが、落語協会の会長、柳亭市馬、落語芸術協会の会長、春風亭昇太が異口同音に訴えていたのは「寄席は、お客さまに落語を披露する場であると同時に若手の教育の場である」ということです。

寄席の楽屋というのは伝統芸能を継承していく〝教室〟としてものすごくよくできたシステムなんです。歌舞伎や演劇、テレビ番組などでは下っ端以外、楽屋として個室が与えられます。ところが寄席の楽屋はどこも大部屋。つい最近入った前座から芸歴何十年というベテランまで大部屋に入れられます。前座は先輩のお茶入れ、着替えの手伝い、高座返し、緞帳《どんちょう》の上げ下げ、太鼓叩《たた》きなどさまざまな雑用をこなします。

忙しく立ち働きながら耳をすませば高座で演じられている噺や客席の笑い声も聞こえてきます。楽屋の中では先輩たちが雑談に興じています。

そういったものが自然と耳に入る。最高の教育ですね。

あたしは二〇一三（平成二五）年、台東区上野の池之端《いけのはた》に「池之端しのぶ亭」

という小さな寄席を作りました。若手落語家の勉強になれば、という思いからです。

「笑点」で「客が入らない」と冗談で揶揄《やゆ》されることもありますが、満席になっても三五人。いまはコロナで二〇人しか入れていません。

資金調達などはすべて二〇二〇年に年亡くなった妻のとみ子が行いました。「お客さんがもっと入れるようにすればいいじゃない」と言うとみ子と意見が食い違ったのは「楽屋を作るかどうか」です。狭い敷地です。楽屋がなければ客席をもっと広くすることもできました。でもあたしは小さな寄席でも楽屋にこだわりました。

客席、舞台、楽屋がセットになって初めて「寄席」と呼べると思っているからです。

そして狭い楽屋でも、そこは必ず若手の勉強の場になります。

おかげ様で、好楽一門以外でも、あたしが所属する円楽一門会の落語家、落語協会、落語芸術協会、上方落語協会からもスケジュールが合えばいろいろな落語家、色物《いろもの》の方たちが上がってくれます。正月の演者は毎年、お楽しみ。当代の売れっ子が競演してお客さんにびっくりされることもあります。

会派を超えた出演者が集まるわけですから、都内にある寄席では味わえない雰囲気がしのぶ亭の楽屋に生まれ、若手が勉強する機会になるのです。

あたしも今年、芸歴五五年を迎えました。落語界では九六歳の長老桂米丸をはじめ八〇歳代以上がごろごろいます。あたしもベテランの域には達しましたがまだまだです。

そんなあたしがたまに噺のマクラで言うことがあります。

「落語の噺も面白いけど、本当に面白いのは演者たちがする楽屋でのやりとりですよ」と。

「裏噺」とでもいうのでしょうか。

本来は闇から闇へ葬られるべき話をお客様の前で披露するとバカ受けすることがあります。楽屋とは年を取った師匠連中にとっては病院の待合室のように雑談を楽しむ場、中堅どころにとっては相撲の支度部屋のようにライバルたちと静かな火花を散らす場、若手にとっては学校の教室のように勉強する場、あたしにとっては面白い話のネタの宝庫になっています。

「高座返しも芸のうちなんだよ」と教えてくれたのは古今亭志ん朝です。

高座返しとは、演者が入れ替わるときに高座の座布団を裏返しにし、出演者名が書いてある「めくり」をめくる一連の作業です。

「いま高座返しをやった前座さんは誰？」「カタチがいいねぇ」なんて客から思われるぐらいじゃないといけません。仲入りの前に「おなーかいりー」と声のトーンを上げて客席に告げるのも前座の役目です。

あたしはこれが得意でした。

三遊亭円生が声を聞いて「いまのは誰でげすか？　お前さん？　結構な声でげすね」と肩を叩いて褒めてくれたことがありました。

もともと落語小僧で、熱烈なファンから落語家になりました。だから楽屋で触れる先輩たちは皆、スターです。生き生きと仕事を楽しんでいました。

演者へのお茶入れも前座の仕事です。

「濃いの」「薄いの」「熱いの」「ぬるいの」、それぞれ好みがあります。古参の兄弟子から教わるのですが、一〇日経つと演者が替わるので、覚えるだけでも一苦労です。

史上最高のお茶を出す前座と言われたのが兄弟子の林家木久扇でした。

飲んだ師匠連中が「寄席でこんなにおいしいお茶があるのかい？」「あの子いいお茶を出すねぇ」と評判です。

聞きました。

「兄《あに》さん何であんなにおいしいお茶を出すの？」

返ってきた答えは「あのね、お茶っ葉をすぐに捨てちゃうの」。

「席亭に怒られるよ」

「いいの。師匠たちが喜ぶから」

木久扇は頭の回転が速くて機転が利くんですよ。だから三軒茶屋にラーメン御殿を建てられた。

人間は感情が体に出るものです。どんな偉い人も。

表情から先輩のご機嫌をうかがいながら、正面に正座して相手の目を見ながらお茶を出します。

「師匠、お茶でございます」

「そうか、そこ置いといてくれ」

そのわずかなやりとりの中で、相手のことを観察します。

高座に上がっている落語家が客席をドカンドカンと受けさせている。そんなとき目の前の師匠は、何を高座にかけようか悩んでいるかもしれません。悔しい思いをしているか、あれ以上の噺をやろうか、と考えているかもしれません。

前座は無口がいいんです。勝手に話しかけてはいけません。ただし先輩が話しかけてきたときは的確に答えます。苦手な師匠がいても敬遠せず、「丁寧に対応しなさい」と弟子には伝えてあります。小言を食らったらちゃんと師匠の目を見て「すみませんでした」と頭を下げなさい、とも。空気を読むということです。

楽屋で空気が読めなければ客席でお客さんの空気を読んで、受けさせることもできません。

「あの前座は気が利く」と評価されれば寄席以外の脇の仕事で呼んでもらうことができます。

そのときに、舞台のそでで師匠連中の噺を聞いて勉強したり、逆に自分の噺を聞いてもらって感想を聞くこともできます。

のちに売れる子というのは楽屋での立ち居振る舞いも違います。

あたしの場合は酒飲みでしくじりもいっぱいしましたが、逆に「あいつは飲める」ということが評判になり、前座の頃から酒席に呼ばれることもありました。

酒を飲めない先輩から「お前、お願いがあるんだけど。今度、お客さんと飯食うんだよ。来てくれる?」。

「喜んでお伺いします」

おいしいものをご馳走になって、先輩に代わって飲んでいるだけでいい。いい思いをさせてもらいました。

あたしが前座になりたての頃、林家こん平が「飲みに行こうよ」と付いていった先が湯島にあった「シャトー」という名前の小さなバー。先客は柳亭小痴楽だった春風亭梅橋、三遊亭小円遊。梅橋も小円遊も酒癖の悪さでいえば両横綱。大関のこん平が「今度入った林家のとこの九坊。九蔵《くぞう》っていうんだよ」と紹介してくれましたが、「何でこのメンバーの中に俺がいるんだ」と腹の中では思っていました。

というわけでノミニケーションも落語家の世界では役に立ちます。

そんな楽屋やいろんなところで見聞きした昭和落語界の裏話をちょいと皆さんにお話しいたします。

もくじ

開口一番

八代目林家正蔵

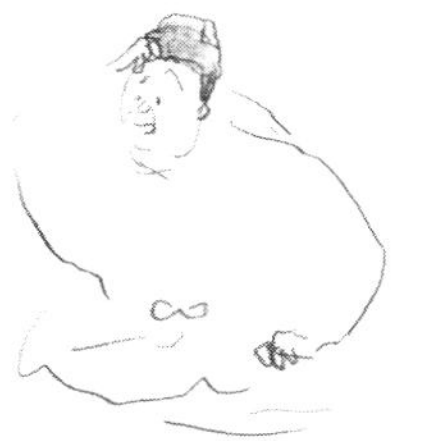

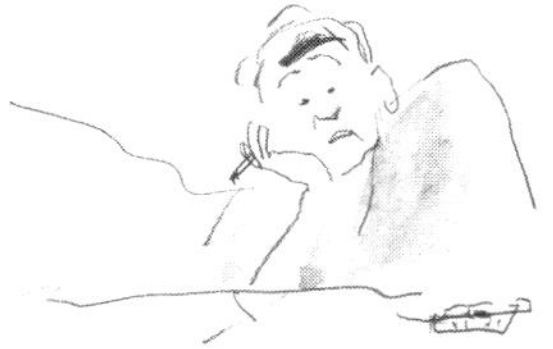

林家三平とこん平とたい平

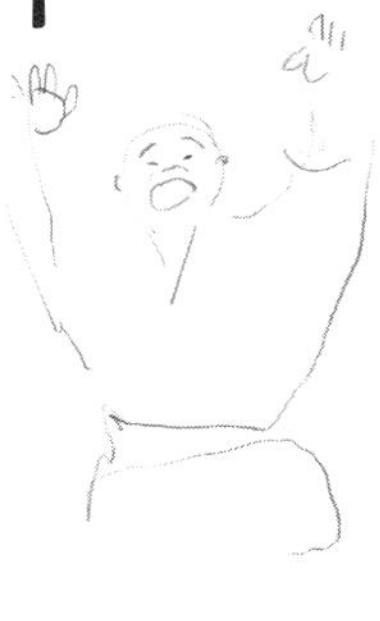

立川談志

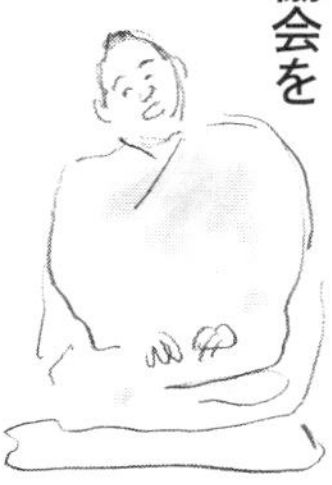

古今亭志ん朝

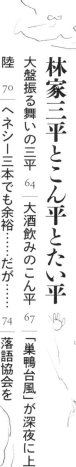

五代目三遊亭円楽

五代目春風亭柳朝

イラストレーション●昼月ヒトカ
ブックデザイン●鈴木成一デザイン室

八代目林家正蔵

楽屋一番乗り

あたしの最初の師匠です。一九六六（昭和四一）年四月、一九歳のときに入門しました。

のちに「彦六」に改名したので「彦六の正蔵」と言われています。

高座の音源が残っておりYouTubeなどでも聴くことができます。弟子だった林家木久扇がたまに「笑点」でゆっくりとひょろひょろしゃべる独特の口調を真似することもあります。あれはかなりオーバーに演じているので実際は違います。

節回しと滑舌がよくて、一言一言が粒立っている、そんな話し方です。

正蔵は時間に正確、というよりかなりせっかちでした。

地方に仕事があって、電車で移動するときは出発の二時間前には駅に着いてベンチに座って待っています。弟子たちでお見送りするときは大変でした。何人も手持ち無沙汰のまま正蔵を取り囲むようにして立っている。東海道新幹線に乗って東京へ戻ってくるときも荷物の用意をして新横浜駅のあたりから降車するドアの前で到着を待っていました。

そんな正蔵ですから、寄席の楽屋入りも一番乗り。落語協会の大幹部で名人なので出番はトリ。着替える時間も考えてその三〇分も前に入れば余裕ですが、正蔵は一番太鼓を叩く前座が到着する頃に入ります。夜の部の上がりが九時頃なら五時には着いています。新宿末廣亭なら、大幹部だけが座ることが許される大きな火鉢の前の定位置にどっしりと座って出番まで師匠連中と雑談に興じたり、じっと目をつぶり物思いにふけったりしています。「林家が聴いている」と高座に上がる若手は緊張しっぱなしです。大名人が超然と自分の噺を聴いているのですからね。ですが正蔵は高座で演じられた噺について小言を言うこともありません。楽屋の雰囲気に浸っているのが好きだったのでしょうね。

師匠候補は円楽、志ん朝、談志

そんな昭和の大名人の人となりをもっと知ってもらうためには、あたしが入門したときのことをお話ししなければなりません。

東京・文京区の京華商業高校をビリから二番目の成績で卒業したあたしは実家を出て、明治大学に通っていた兄のアパートに居候していました。将来これといった夢もなく漠然と大学にでも入ろうかと思っていたのですが、アルバイトをしながら勉強もせず暇を見つけると落語ばかり聴いている。だから実家に帰されました。

一年間の浪人生活を経て、やっと落語家になろうと決心しました。

いまでも同じですが、落語家になるためにはまず師匠を見つけ、入門するところから始まります。養成所や専門学校があるわけではありませんからね。

この人の弟子になりたいと思った師匠候補は三人いました。

順番でいうとのちに二番目の師匠となる五代目三遊亭円楽、古今亭志ん朝、立川談志。のちに名人と呼ばれる気鋭の若手三人です。

どうせ弟子になるなら一番弟子になりたいと思っていました。ところが師匠第一候補の円楽が弟子をとったという記事を新聞で見つけてしまいました。いまの三遊亭鳳楽、当時の楽松です。円楽の家でしょうか？　かいがいしく働いている写真も掲載されており、やられたと思いました。

そんなとき、たまたまラジオで聴いたのが正蔵の「鰍沢《かじかざわ》」でした。

この噺は三遊亭円朝作の三題噺です。身延山《みのぶさん》に参詣を済ませた旅人が帰路、山中で吹雪に見舞われる場面があるんですよ。

「ぴゅーっと吹いてくる風にさそわれて、細かい雪が飛んできます。顔一面にへばりつく」

鳥肌が立ちました。淡々とした口調ですが、まじまじと目の前に吹雪の情景が浮かんできました。この人うまいな、すごいな。この人の弟子になる、と決めました。直感ですね。

あとで思えばこの選択は正しかったわけですが、仮に立川談志の弟子になっていたらどうだっただろうな、と思います。きっと師匠の行動を見て動き、調子ばかりがいいヤな奴になっただろうな。誰みたいに、とは言いませんが。その前に破門されていたかもしれません。

「泥棒よりいいと思います」

正蔵の住所は「台東区北稲荷《きたいなり》町《ちょう》三三二」。名人ともなると住んでいる場所で、呼ばれることがありました。正蔵は「稲荷町」。八代目桂文楽は「黒門町《くろもんちょう》」、三遊亭円生は新宿区の「柏木《かしわぎ》」、五代目柳家小さんは豊島区「目白《めじろ》」、古今亭志ん朝は新宿区「矢来町《やらいちょう》」。長いこと荒川区西日暮里《にしにっぽり》に住んでいたのにあたしは「西日暮里」と呼ばれたことはありません。

正蔵の家を訪ねたのは雨の日でした。ずぶ濡れになりながら探しました。ところが目指す住所がありません。町名変更で稲荷町は東上野五の一の一九に変わっていました。そのことに気づいて探しあてたのが四時間後。場所は覚えたし、ずぶ濡れでもあったのでそのまま帰って来ました。

次の日は前日と違って晴天。服装を整え、再び正蔵のもとへ行きました。

家は二階建ての四軒長屋の端っこです。いまは取り壊されて駐車場になっていますが、広さは車三台分。狭いですよね。玄関には林家の紋「光琳蔦《こうりんつた》」が染め抜かれたのれんが粋に掛けられています。

あたしが玄関先に立っていると、二階から声がします。

「何ですか？」

二階の手すりを磨いていたのはのちに兄弟子になるあとむ（のちの八光亭春輔）です。

「開けてください」

「何のご用ですか？」

「お弟子にしてもらいたいのですが……」

「いま下りていきますから」

私と対面したあとむは「正蔵はいま寝ています。うちの師匠は弟子をとらないんですよ。協会はいま人が多くなりましてね」。

「どうしてもなりたいんです」

協会とは落語協会のこと。当時の会長だった三遊亭円生をはじめ文楽、正蔵ら名人に続いて、円楽、志ん朝、談志、五代目春風亭柳朝ら新進気鋭の若手も活躍し、落語の隆盛期を迎えていいます。入門希望者も多かった時代でした。前座、二つ目にも人が余っている。いま昇進はある程度、年功序列です。前座が四年、二つ目が一〇～一一年でおよそ一五年で真打ちになれます。ですが当時は真打ちになるのは容易ではない。下手するとずっと二つ目のまま、なんてことも考えられました。これを発端としてのちに真打ち昇進をめぐり落語協会が分裂騒動に巻き込まれるわけですが、このことはのちにお話しします。

「弟子になりたいんです」

「いやダメだと思いますよ。いま寄席いっぱいですし」

そんなやりとりをしていると家の中から「おいおい、こちらへお通しなさい」。

「鰍沢」そのままの声が聞こえました。寝ていたはずの正蔵です。長火鉢の向こうに姿勢よく座っている正蔵の前に正座して、改めて「お弟子にしてください」と頭を下げました。

正蔵は「いまねぇ、大勢いるんだよ。みんな出世させなきゃならないんだよ。人様のお子さんを。あたしも七〇歳になった。お金にもならないし、君は真面目そうな顔をしているんだからまともな商売に行きなさいね。いくつだい？　一九歳。まだ大丈夫だよ」。

どう勘違いしたのか、あたしのことを正蔵は「真面目そう」と見たのでしょうね。諭されてあたしは「はい」と言ってそのまま帰りました。あきらめたわけではありません。正座で足がしびれてたまらなかったから。

翌朝、また訪ねました。「お弟子にしてください」と伝えると、今度は女将さんが「無理無理。出世する人なんか少ないのよ」。「そうそう」とあとむ。あたしも「わかりました」と帰って来ちゃいました。

そして三回目。仏の顔も三度までか、三度目の正直か？

「お弟子にしてください」

あたしの姿を見た正蔵が「ばあさん、また来たよ」。

向き合うと、悪い顔じゃない。

「ところで名前を聞いていないのだけど」

「家に入ると書いて家入《いえいり》です」

「下の名前は？」

「信夫《のぶお》です」

正蔵は言った。

「ばあさん、のぶおが帰って来たよ」

正蔵の息子の名前は「信雄」。戦後すぐ栄養失調と過労のため一七歳で亡くなったことはあとから知りました。あたしに息子さんの面影を見たのでしょうか。

「これは（弟子に）とらないといけません。あしたお母さんと一緒に来なさい。お母さんを納得させないと」

あたしには弟子が一〇人います。入門を直訴されてすぐに「はい、どうぞ」と了承したことはありません。断られても「弟子にしてください」と言われれば必ず「親御さんを連れてきなさい」と言います。落語家は入門しても定収入があるわけではなく、食えません。だからまずは家族の理解が必要です。一方で経済的にサポートしてもらえるかを確認するのも必要です。立川談志は弟子をとるとき「一〇〇万円貯めてから来い」と言ったという話もあります。のちにあたしの兄弟子となった三遊亭鳳楽は入門前に三〇〇万円貯めていたそうです。

あたしが五歳のときに亡くなった父は警察官でした。きょうだいも公務員や警察官になったり、警察官のもとに嫁いだりとみんな堅い。落語家になって道を踏み外したのはあたしだけです。

女手一つで八人きょうだいを育て、朝から晩まで身を粉にして働いていた母親です。その日の仕事や家事を済ませて唯一の息抜きがラジオの落語番組を聴くこと。そんな母の影響で、あたしも落語の面白さを知りました。ですが、母は自分の息子が落語家になるのは反対でした。

一緒に正蔵のもとを訪ねて欲しいと言うあたしに母は「やだよ。そんな怖い人のところに行きたくないよ」と渋りました。それでも頼みこんで連れていきました。

正蔵は母を前に「こんな子をこんな世界に入れちゃっていいんですか」。

母は言いました。

「いいですよ。泥棒よりいいと思います」

この言葉には正蔵も大笑いです。

「いいねぇ。ばあさん。泥棒よりいいって」

こうしてあたしは林家正蔵に入門しました。

正蔵が淹れた「コーシー」の味

入門してしばらくは「前座」でもない「前座見習い」という身分です。

師匠のもとでの修行には「住み込み」と「通い」があります。「住み込み」とは文字通り師匠の家に住み込んで、身の回りの世話をしたり、家の用事を片付けたりします。

師匠の住んでいる長屋の間取りは一階が茶の間と台所、二階が二間でした。手狭だったのと内弟子は「時代にそぐわない」という理由から通いになりました。

あたしが当時住んでいたのは東池袋。最寄り駅は山手線の大塚で、そこから上野まで電車で行き、東上野までは歩き、午前八時には着くようにしました。正蔵が起きてくる一〇時頃まで家の中や外を丁寧に掃除します。毎日掃除しているのでぴかぴかです。家の前も落ち葉一つ落ちていません。

正蔵が起きてきてはばかり（トイレ）に入っている最中に寝ていた布団をたたみ、お茶を用意します。長火鉢の前に女将さんが座り、その横が正蔵の定位置でした。机の上には本が山積みになっていました。正蔵は日本作家クラブに入っていたので仲間の作家からの献呈本がほとんどです。

夫婦二人が定位置につくのを見計らうようにして、あたしは女将さんの隣に用意した台の上に乗って神棚と仏壇の掃除をしました。

わざと時間をかけて。

「これまで神棚を掃除する子なんていたかい？」と夫妻はうれしそうです。

あたしは掃除をしながら、二人のやりとりを聞いているのが大好きでした。まるで落語の一場面のように味のある会話を盗み聞きしていると何とも幸せな気分になれました。

長火鉢の隅には土瓶。正蔵はコーヒーが好きで、サイフォンでコーヒーを淹れていました。

自分で飲むのはもちろんですが、機嫌がよいときは訪ねてくるお客さんにも出していました。

それも気の合った人だけに出します。「コーシーを淹れなさい」。江戸っ子だから「コーヒー」ではなく発音が「コーシー」になります。

「円生は男の人には針のように冷たい」

正蔵の長屋にはマスコミやテレビ・ラジオ局の人がしょっちゅう訪ねてきました。

「柏木さんと林家さんで『文七元結』を上・下でやってもらえませんか」なんてリクエストも飛び込んできました。柏木さんとは三遊亭円生のことです。

正蔵は「しばらくやっていませんが、やらせてください」。

あたしは正蔵が稽古をしているのは見たことがありません。夜、布団の中でブツブツとやっていたのでしょうか。黒門町の桂文楽の得意ネタは一八席ほど。番組で新しいネタをやるとき、何百というネタを持っている正蔵と円生に頼らざるを得ないという局側の事情もあったのでしょうね。

あたしはお客さんとのやりとりを横で聞いています。正蔵はわざと聞かせていたのです。落語家にとって大切な立ち居振る舞いを身をもって教えていたのでしょうね。この経験はあたしが前座となって楽屋入りしてから役に立ちました。

円生と正蔵の仲はよくありませんでした。

正蔵が言った言葉で忘れられないものがあります。

「円生さんは女の人には優しいが、男の人には針のように冷たい」

あちこちで艶聞を流していた柏木さんです。彼の本質をとらえた名言だと思っています。

そんな二人でしたが、あるとき、びっくりするような会話を耳にしたことがあります。

あたしは正蔵のお付きで楽屋入り。部屋には正蔵と円生とあたしの三人だけです。

お互いそっぽを向いたまま。親しく話すこともありません。別の方向を向きながら口火を切ったのは円生でした。

「ねえ、よっちゃん」

正蔵の本名は岡本義《よし》。

「何だい松ちゃん」

円生の本名は山崎松尾。

「いつになったらあたしたちは名人上手と言われるようになるのかね」

「ほんとうだねぇ、松ちゃん」

世間では「名人上手」と認められていた二人です。これまでライバルとして切《せっ》磋琢磨《さたくま》し、芸を磨いてきた。落語家としてすでに頂点を極めているはずなのに、「いつになったら」です。正蔵も円生の言葉に対して適当に返しているのではなく、口調で本心からそう思っているのが伝わってきました。

「名人上手」への道はまだ半ば。あたしは七五歳。芸歴も五五年になりました。ことあるごとにこの会話を思い出します。

「噺家は贅沢をするもんじゃない」

正蔵は最後まで長屋暮らしでした。貧乏だったからではありません。

「噺家は贅沢をするもんじゃない。雨が降っても濡れなきゃいい。風が吹いたら戸を閉めればいい」という考えでした。けちだったわけでもありません。

正蔵は「義理」と言っていましたが、祝儀・不祝儀を現金書留で送るのもしょっちゅうでした。ハンコを三つついて、郵便局へ持っていくのもあたしの役目です。

TBSラジオの出演料が一回、四〇〇〇円でした。大卒男子の初任給が三万円ちょっとの時代です。番組を仕切っていたプロダクションがあって、正蔵は出演するとその一割、つまり四〇〇円をあたしに持っていかせました。一〇〇円札四枚を封筒に入れて。あたしが持っていくとプロダクションの社長が「お前のところの師匠は堅いね。いいんだよ。こんなことしなくても。会ったとき渡せばいいのに」とあきれていました。

堅物ぶりを物語るエピソードとして、こんな話があります。

正蔵は寄席の最寄り駅まで定期券を買っていました。

ただし正蔵は私用のときは定期券を使いませんでした。

理由を聞くと「定期とは仕事に行くときに使うもので、ほかの用は私用だからお金を払って行く」と言っていました。

「定期はどんなときでも使っていいのですよ」と弟子に言われても言うことを聞きませんでした。

二三回の破門

そんな正蔵からあたしは二三回、破門されています。兄弟子の春風亭柳朝が一九回、立川談志は師匠の五代目柳家小さんから一七回、破門されたという記録が残っています。

「破門」とは師弟の縁を切るということ。落語家の廃業を意味しますが、柳朝も談志も死ぬまで落語家で、あたしはいまも落語家を続けていますから、「破門だ」は言葉だけだったのでしょう。

「二三回」は自分で数えていたわけではないんですよ。兄弟子の八光亭春輔が「はい一〇回目」「今回が一五回目ね」と数えていてくれたんです。持つべきものはいい兄弟子です。

若い頃、落語家の待遇改善を目指して落語協会を脱会し、落語革新派を旗揚げした正蔵です。反骨精神の塊でついたあだ名が「とんがり」でしたが、あたしが入門したときはすでに七〇歳。だいぶ丸くなっていたのでしょうが、「お前、破門だ！」の迫力には何度も震え上がったものです。怒りの瞬間湯沸かし器ですが、翌日顔を出せばケロリとしていて普段通りの正蔵に戻っています。

あたしが正蔵から「破門」を言い渡された原因は、ほとんどが酒に端を発するものです。たとえば地方公演で、師匠が留守のときを見計らって仲間の前座連中を連れてきて置いてあった酒を飲んじゃう。翌日、あるはずの酒がなくなっているのに気づいた女将さんから問い詰められて、白状した結果、「破門だ！」。

約四〇万円のツケ

本名から「林家のぶお」の名前で前座デビュー。寄席の楽屋に入りました。楽屋でもあたしのことは話題になっていたようです。「あの堅い林家のところによくあんなのが来たな」と。

初代林家三平（いまの九代目林家正蔵と「笑点」に出演している林家三平のお父さんですね）が、あたしの顔を見るなり言いました。

独特の口調で「しゃれになんない。あーんた。酒ばかり飲んで破門されて。ハモンドオルガン」。

昭和の爆笑王は、ダジャレが骨の髄まで染みついていたのでしょうね。

のびのびとあたしのことを育ててくれた正蔵ですが、とんでもないしくじりをやらかし、本当に破門される危機が訪れました。

あたしは子どもの頃からガキ大将体質なんですよ。腕力にものをいわせたり、他人をいじめたりするのではなく、リーダーとして皆を楽しく遊ばせる、そんなタイプです。

落語家になっても性分は変わることはなく、前座仲間を引き連れてよく飲みに行っていました。当時、都内には七軒の寄席がありました。上野鈴本、新宿末廣亭、浅草演芸ホール、池袋演芸場、人形町末廣、東宝名人会、目黒名人会です。前座は月の初めに師匠から「かけぶれ」と呼ばれるシフト表をもらい、昼・夜どちらかで寄席に入ります。給金は一日一〇〇円と決まっていました。先輩たちの落語会などで楽屋の雑用をこなしながら高座に上げてもらえば五〇〇円ぐらい。師匠の地方公演に同行すると一〇〇〇~二〇〇〇円。そのほかお年玉とか何やかんやで収入があります。

あたしはもらった先から仲間におごっちゃう。実家暮らしだからできたのでしょうが。

正蔵の家の近く、稲荷町に「フリージア」というスナックがありました。あるとき前座仲間とそこを訪れて飲み始めました。羽目をはずし、酔えば気も大きくなるというもの。

当時、高級ウイスキーといえばサントリーの「角」。そのあと「だるま（オールド）」が発売されましたが、洋酒は目が飛び出るぐらい高かった。「フリージア」で飲んでいて、酔眼もうろう、タナの上を見ると赤いラベルのウイスキーが置いてあります。

「マスターあれ何？」

「ジョニーウォーカー赤だよ」

あたしは連れてきた仲間たちを前に「天下のジョニーウォーカーですよ。マスターあれ飲みたい」と見栄を切った。

マスターは困った顔をして「高いからダメだよ。前座さんは……」。

「ダメ」と言われれば余計に飲みたくなるもの。マスターの制止も聞かず開けちゃいました。

「開けちゃったから、もうダメでしょ」

楽しく飲みました。よく覚えていませんが。

からすカーで夜が明けた。

フリージアのマスターが前夜の勘定書きを持って正蔵の家を訪ねてきました。

「五万一〇〇〇円です」

大卒の初任給が二万五〇〇〇円の時代ですから、いまのお金にすると四〇万円ぐらいでしょうか。

勘定書きを見た正蔵は、怒りのため黙ってぶるぶる震えています。

師匠が立て替えて払ったら、今度こそ本当に破門になります。

あたしは隣の米屋の電話を借りて母に伝えました。

「おふくろ、金持ってきてよ。いま師匠から破門になりそうなんだよ」

「何やったのあんた。いくら持っていけばいいの？」

「五万一〇〇〇円」

それを聞いた母の声はいまでも覚えています。

「ギャオー」。怪鳥の鳴き声のような悲鳴でした。

「そんな大金、うちにあるわけないじゃない」

それでも母は米屋からお金を借りて持ってきてくれました。

当時、何かのときにお世話になるのは米屋だったのですね。

五万一〇〇〇円といっても一万円札五枚に一〇〇〇円札ではありません。

しわくちゃの一〇〇〇円札、五〇〇円札、一〇〇円札で「かき集めた」という表現がぴったりです。

泣きじゃくるあたしに正蔵は言い放ちました。

「親不孝者め。お母さんにこんなことをさせて」

本気で怒った正蔵の迫力にあたしは震え上がりました。

お金を持って正蔵は一言「よし行くぞ」。

どこに行くのかと思ったら「フリージア」です。

マスターを前に「数えてください。ちゃんとありますから」。

「ありました」

五万一〇〇〇円を数え終わったマスターに正蔵は言いました。

「こんな子どもにこんなに飲ませるバカがどこにいますか」

「すみません。これから気をつけます」と恐縮したマスターはその場で一万円引いてくれました。

正蔵はあたしに諭すように言いました。

「いいかい、二度とこんなことをしてはいけないよ」

この話もいつの間にか楽屋すずめたちに知れ渡りました。

ピーチクパーチク、人の噂話が大好きだから「楽屋すずめ」。ここそこあたしの悪口を言っていた落語家たちの中で、それを聞いた五代目三遊亭円楽は「えらいね。金があっても使わない奴もいる。金がなくても五万一〇〇〇円ツケる奴もいる。それはいいね」と言ってくれたらしい。人から聞いた話です。

円楽は下戸で酒は一滴も飲めないのにです。

正蔵は、あたしが酒でしくじってばかりいたのに「飲むな」とは言いませんでした。若い頃、酒に酔って暴れていたこともあるらしいので言えなかったのかもしれません。

あきれる今輔

こんなこともありました。地方公演の落語会で正蔵のお供をしたときの話です。「二人会」でもう一人の演者は五代目古今亭今輔。正蔵は落語協会の所属でしたが、今輔は日本芸術協会（現在の落語芸術協会）の大看板。のちに会長にも選ばれました。高座でやるのは新作落語が中心で、亡くなった桂歌丸の最初の師匠です。

いまの地方公演はほとんど日帰りですが、当時は泊まりでした。公演のあと演者たちは旅館のお座敷に集まって打ち上げをします。そのときは色物で三味線漫談の玉川スミが入っていました。「寄席の世界のシーラカンス」と呼ばれ、二〇一二（平成二四）年に九二歳で天寿をまっとうされた人です。

隣に座ったあたしに、正蔵は「お前も飲むかい？」とビールをついでくれました。

「いただきます」とグラスを干すあたしを見た今輔は「うちの協会ではね、前座は酒を飲んではいけないんだよ！」。詰問口調で言いました。

それを聞いた正蔵は「そうなんだよ」と言いながらもう一杯ついでくれる。

あたしも「気をつけます」と言いながらグビリ。

「こんな師弟に付き合っていられない」と思ったのでしょうか、気分を損ねた今輔は、無言で食べてそのまま寝ちゃった。

正蔵と今輔は同時代の落語家。正蔵が三代目三遊亭円楽を名乗っていた頃、四代目柳家小山三だった今輔と、前述した「落語革新派」を立ち上げ、協会を脱会しています。最初は志を同じくする者同士、仲がよかったのでしょうが、晩年はすれ違うようになりました。ひときわ強情で真面目な二人ですから気が合わなかったのでしょうね。

「最後の弟子」のはずが……

「のぶお」の名前で前座になったあたしでしたが、本名なので女将さんに「のぶおじゃ噺家になった気がしません」と訴えました。「旦那に言ってあげる」とつないでくれて、正蔵からもらったのが「九蔵」。この名前で真打ちになりました。「笑点」にデビューしてからしばらくは「九蔵」でした。仲間からは「きゅうちゃん」と呼ばれていました。

正蔵は名前をつけるにあたり、「漢数字で九が最後なんだよ。最後の弟子という意味なんだ。あたしも七〇歳になったしね」。

最後の弟子のはずが、あたしのあとに桂藤兵衛、林家時蔵、林家正雀の三人が入りました。

初高座

落語には「前座噺」というのがいくつかあります。

前座用に誰かが作ったというわけではなく、比較的、軽い噺で登場人物が少なく、落語のエッセンスがその中に詰まっているような噺です。

師匠から初めて教わり、初高座でやる噺は、おおまかではありますが柳家は「道灌」。三遊亭では「八九升《はつくしょう》」です。

「八九升」は、耳が遠くてひがみ根性の商家のご主人と女中、番頭さんのやりとりを滑稽に表した噺です。うちの一門では三遊亭兼好が得意としています。

ほかに前座噺に位置付けられているのに「子ほめ」「真田小僧」「たらちね」「平林」などがあります。

あたしが初高座でやったのは「寿限無」でした。

毎年、一二月三〇日に八代目林家正蔵は、新宿末廣亭で「正蔵会」といって、一年納めの会を開いていました。入門した翌年、一九六七（昭和四二）年の会です。二部構成で、二部の開口一番です。兄弟子の五代目春風亭柳朝が、「おい九蔵、お前、噺覚えているだろ？」と聞きます。

「一応、一席稽古中です」

「上がれ！」

「えっ？　あたし、一度もやったことがありません」

「やったことがないから上がるんだよ」

「寿限無」は正蔵から教わったんじゃないんですよ。正蔵から「お前が教えなさい」と指名された当時、時蔵を名乗っていた兄弟子のはやし家林蔵から教わりました。

この人は三代目三遊亭金馬の弟子だった人で、師匠が亡くなってから林家の門下になった人です。二〇一〇（平成二二）年に亡くなりました。

三代目金馬は講談師上がりで、ラジオで活躍した人です。「のようなもの」のフレーズが有名な「居酒屋」などの音源がいまも残っています。

金馬と正蔵は仲がよく、林蔵も正蔵が好きで「師匠が亡くなったらこういう人に付きたい」と思って一門に入った人です。

「寿限無」を一通りやってもらっても一回では覚えられません。

「兄さん、すみません。あそこのとこわかりません」

林蔵は「あたしもそこを間違えて師匠に『そんな言い方ないよ』と叱《しか》られたん

だよ」。

現在、演じられている「寿限無」の中で、長い名前の一節は「食う寝るところに住むところ」ですが、あたしが教わったのは「着て寝るところに住むところ」。これが三代目金馬流です。

さて初高座……。

「前座で入った林家九蔵です。教わった噺はこれしかありません」と客席に挨拶してからあとはサゲまで一気にしゃべりました。

通常、「寿限無」の尺は一二分ほど。それを一気呵成《いっきかせい》に六分で駆け抜けました。忘れてはいけないと思うからつい早口になります。

緊張してお客さんの顔を見る余裕もありません。兄弟子は大笑いしながら言いました。

「お前、何しゃべってるかわかんねぇよ。客は逃げやしねぇんだ。もっとゆっくりしゃべれや」

正蔵が噺を教えてくれたのは、入門して四年が過ぎた頃でした。

「一眼国」「火事息子」などがそうです。

五代目柳家小さんが落語協会会長のとき、大勢いた二つ目をどうやって真打ちに昇進させるかで内紛が起きました。

そのとき実施されたのが「真打ち昇進試験」。公平を期すために、小さんをはじめ協会幹部の前で、真打ち候補の二つ目が一席披露して真打ちの資格があるかどうか決めようというものです。

あたしは「一眼国」をやりました。「いい出来だ」と褒められました。当たり前ですよ。この噺は正蔵の十八番でもあるのですから。

話は前後しますが、二つ目の頃、同じ大酒飲みということもあってあたしとつるんでいたのが三遊亭楽松（のちの鳳楽）、三代目三遊亭小円朝の弟子だった朝治（のちの円橘）でした。

正蔵は「酒は飲んでもいい。評判なんて気にするな。だがいつも心の中は噺家だ。噺を覚えてネタ数を増やさないと噺家じゃない」と言い、三人そろって稽古をつけてくれました。

献体を希望した正蔵

林家彦六を襲名していた正蔵が亡くなったのは一九八二（昭和五七）年一月二九日。八七歳でした。

江戸っ子の気前のよさか、「八〇歳過ぎた男の体を研究すれば医学の役に立つことができるかも。なので死んだら献体に」という遺志の通り、すぐに遺体は病院に運ばれました。

「篤志献体」の組織「白菊会」と契約してありましたが、亡くなった段階で、遺族に「よろしいですか？」と確認の連絡が来ました。

子どもたちは「うちのお父さんが『若い人の研究材料になるならいい』と言っていたのでそうしてください」と言った。そんなやりとりが新聞に記事として載りました。

そうしたら年間で数人という献体希望者が一気に五〇〇人ぐらいになった。うちの師匠、死んでも格好いいなと思いました。

だから通夜・葬儀は遺体なしで行いました。

マキ夫人との絆

正蔵が亡くなったとき夫人のマキさんは糖尿病を病んで目が見えなくなり、病院に入院していました。

六二年連れ添い、落語家として食えない時代から何くれとなく支え続けてきた夫の死を知ったのは一カ月後でした。

孫が「おばあちゃん、おじいちゃんが亡くなったのよ」と伝えるとマキさんは見えない目をつぶり「ああそうかい。ありがとう。これで私の役目も終わったかならそろそろ」と一カ月もしないうちに亡くなりました。

夫婦の絆の強さ、明治の女の心意気を感じました。

その点、あたしの母は夫に先立たれてから五六年後に亡くなりました。

正蔵は三遊亭円楽の名前で真打ちに昇進してすぐにマキさんと結婚しました。

真打ちになったからといって生活が保証されるかというとそんなことはないのは

現在も同じです。

正蔵は「チョウカロウへ行く」と言って家を留守にしたそうです。

マキさんは当時、「楼というからにはどこかの廓《くるわ》に遊びに行っているのだろう。うちの人は本当に女郎買いが好きなのね」と思っていたそうですが、「チョウカロウ」は「蝶花楼」のこと。のちに四代目柳家小さんを名乗る蝶花楼馬楽の内弟子になって稽古に通っていたのですね。

マキさんにとって最初の疑惑は晴れましたが、稼ぎのないはずの正蔵がたまにまとまったお金を持ってくることがありました。

正蔵に熱狂的なファンの女性がいて、お小遣いをもらっていたようです。この臨時収入のおかげでずいぶんと家計が助かったのではないでしょうか。

予定表を兼ねた日記に「◯◯さんの墓参りに」と書き込んでいたのをあたしが見つけて、兄弟子に「これ誰なんです?」と聞いたら小指を立てて「女だよ」。

驚きました。「堅物の師匠に女がいたんですか?」

「いたよ。モテるもん。その人に食わしてもらっていたんだと思うよ。相当もらっていたようだよ」

どういう女性なのかは定かではありませんでしたが。

マキさんも「これお米代だよ」と言って持ってくる臨時収入について問い詰めたそうです。

「このお金どうしたんですか？　どこかで一席やったんですか？」

正蔵は答えました。

「女の人だよ」

お金の出所と事情を知ってマキさんは最初、面白くなかったと思います。夫婦ですもの。

かつてお世話になったその女性が亡くなったあと、義理堅い正蔵は律儀に墓参りに行きます。

三回忌、七回忌あたりから、「あたしも一緒に連れていって」とマキさんから言い出し、夫婦で「お世話になった女性」の墓参りに行っていました。

何とも粋な夫婦ですね。

昭和の大名人と言われた林家正蔵が落語の世界で円熟の境地に到達できたのは本人の努力もありますが、二人の女性の支えがあってのものでしょう。

あたしの落語は円熟の境地までまだほど遠いのですが、現在のあたしがあるのは二〇二〇年に亡くなった妻・とみ子のおかげだと思っています。

林家九蔵襲名騒動の真実

正蔵は一九一二(明治四五)年に三遊亭三福に入門して三遊亭福よしを名乗ります。その後、扇遊亭金八、橘家二三蔵、三代目三遊亭円楽、五代目蝶花楼馬楽、林家正蔵の名跡を一代限りで借りて、最後は林家彦六と六回改名しています。師匠の改名や死去などが名前を変えるきっかけです。古今亭志ん生は一六回改名をしています。こちらは借金取りから逃れるためだったようです。

正蔵の弟子は上から五代目春風亭柳朝、二代目林家正楽、二代目橘家文蔵、七代目春風亭栄枝、林家木久扇、はやし家林蔵、三代目八光亭春輔、林家九蔵、桂藤兵衛、林家時蔵、林家正雀です。

正蔵は、三遊亭、春風亭、林家、桂、橘家と、自らもそうですが弟子たちにもいろいろな「亭号」を名乗らせています。

「名前は臨機応変につければいい。亭号にこだわることはない」という考え方の持ち主でした。林家から三遊亭に〝移籍〟したあたしも同じ考えでした。

そういったことを背景にお話ししなければならないことがあります。

二〇一八（平成三〇）年、弟子の三遊亭好の助が真打ちに昇進するにあたり、あたしが「林家九蔵」を襲名させようと思ったときの騒動です。

二〇〇五（平成一七）年に入門した好の助は、二人組みのマジシャン「ナポレオンズ」のボナ植木の息子です。「かっ好」と名付けました。声が大きくて、お客さんから「今度入った弟子は声が大きくてうるさい」なんて言われたこともあります。声の大きい人は落語の世界ではうまくなるんですよ。高座に上がってしゃべっていると声が大きければ楽屋でも聞こえる。それを聞いていた師匠連中が「ここはこうした方がいいよ」と注意することもできる。声が小さいと聞こえないからそれもできない。

あたしも何かと世話になったボナさんから預かった大事な息子です。真打ちに昇進するにあたり何か売り出す方法はないかと考えました。

そのとき考えたのがあたしの前名、「林家九蔵」を襲名させることでした。「九蔵」の名を復活させて二代目を襲名させればマスコミも取り上げてくれるはずです。親しい記者に頼んで記事にしてもらいました。案の定、話題になりました。

ところがこの襲名に異を唱えたのが根岸です。「根岸」とは先代の林家三平の家。落語界のロイヤルファミリー、海老名家です。いまの正蔵、九代目が「林家の亭号を三遊亭が名乗るのは言語道断」と言ってきたのです。

「ちょっと待ってよ。これって俺の名前でしょ」と思い、話をしましたが「困ります。こちらに許しを得ないで林家を名乗らせるわけにはいきません」と態度を変えません。

この襲名騒動を聞きつけて、面白おかしく報じたのがテレビのワイドショーです。

「好の助が何で自分の師匠の名前をもらえないのか？」「海老名家に継いではいけないと言う権利はあるのか？」と論調はおおむねあたしたちの味方です。

根岸の海老名家のところへリポーター連中が押しかけました。正蔵や香葉子夫人も辟易《へきえき》したようです。「そういう話は好楽師匠に聞いてください」。それをテレビで見ていたあたしは「また逃げてるよ」と。

けがの功名ではありませんが「好の助」の名前と顔が連日のように報じられ、よい宣伝になりました。

騒ぎが大きくなってから、あたしは手土産を持って根岸に行きました。

対応してくれたのは香葉子さんです。ことわっておきますが、亡くなった夫の三平にも可愛がってもらったし、彼女にも悪い思いは何もありません。

香葉子さんはあたしを家に上げると、自らの生い立ちを涙ながらに話し始めました。戦争で焼け出されたこと、がれきの山を前に途方にくれたことなどたっぷり四時間聞きました。

あたしはその話を聞き、彼女に「泣きの香葉子」という異名があるのも忘れて、いつの間にかもらい泣きをしていました。

苦労話を語ったあとに香葉子さんは「好楽師匠、林家九蔵襲名の件はダメなんです。勘弁してください。お孫さんにでも渡してください。いい名前なんだから」。「だったらいまくれよ」と心の中で思いながら、涙をふきふきそのまま帰りました。

かわいそうなのは落語協会の柳亭市馬会長です。根岸からの圧力があったのでしょうか。「林家の名跡は海老名家が持っていますので……」と達筆な字で手紙を寄越しました。

その後、顔を合わせたときに「すみませんでした」と頭を下げるので、「わかってるよ」と言いました。

「九蔵」襲名問題で皆に迷惑をかけている。市馬君もこんな役回りはいやだろうな、と思い、好の助の九蔵襲名はあきらめました。

真打ち披露パーティーは浜町のロイヤルパークホテルの宴会場で開きました。司会者を頼んだ女子アナが冒頭、「ただいまより三遊亭好の助改め三代目林家九蔵改め三遊亭好の助真打ち披露パーティーを行います」と言うと会場が笑いに包まれました。

「九蔵」を襲名するつもりで作った手ぬぐい、風呂敷は無駄になりましたが、愛弟子の名前が有名になってくれたのは師匠としてうれしかったですね。

正蔵が生きていたらこんなゴタゴタに何と言うか？

「馬鹿野郎、落語家の名前なんて何でもいいんだよ」

柳家小三治のバター事件

あたしが前座時代、北海道で行われた正蔵の地方公演に同行したときの話です。正蔵の前に演じたのが柳家小三治。のちに落語協会の会長、人間国宝にもなりましたが、当時は二つ目で名前は「さん治」。将来の落語界を背負って立つ逸材。一九六九（昭和四四）年に一七人抜きで真打ちに抜てきされました。

会場がある町までは蒸気機関車で移動します。四人掛けのボックスシートに正蔵と並んであたし、向かいに小三治が座りました。

特に話もなく車窓の景色を眺めていると、小三治がカバンの中から何か袋に入ったものを取り出しました。

正蔵もあたしも何の気なしに見ていると、小三治が袋の中から取り出したのはフランスパンと缶入りのバター。バターは北海道土産としても有名なトラピストバターです。小三治はフランスパンを小さくちぎり、バターをつけて黙々と食べ始めました。

その一挙手一投足を目で追う正蔵とあたし。しばらくして満足したのか小三治はパンとバターを再び袋に収め、カバンに入れました。

あたしたちに「どうぞ」も「食べますか」もありません。

汽車から降りて駅で正蔵があたしにぼそっと言いました。

「たけの野郎、ちったぁ寄越せばいいじゃないか」

小三治の本名は郡山剛蔵《たけぞう》。

正蔵もきっと食べたかったのでしょうね。

夜、その話を伝えると小三治は真っ青になりました。

「えーっ、林家がパンとバターなんて食べるの？」

「兄さん、師匠はコーヒーをサイフォンで淹れて飲んでいるんですよ。洋食だって好きですよ」

「あーっ、どうしよう、どうしよう。俺、しくじったのかな」とひどい慌てようでした。

小三治の真打ち昇進披露興行は七〇日間、行われました。あたしはほとんどその楽屋に入りました。

あるとき打ち上げがありました。小三治は一滴も酒が飲めません。それを知っていてあたしは「兄さん、真打ちになったのだから少しは飲めないと」と悪魔のささやきです。

悪い後輩に言われるがまま注がれた酒を飲んだ小三治はその場にぶっ倒れました。

「当代を代表する古典落語の名手」と呼ばれた小三治も、二〇二一（令和三）年一〇月に八一歳で亡くなりました。

楽しい思い出をたくさん残してくれた偉大な先輩に合掌。

八代目林家正蔵

林家三平とこん平とたい平

大盤振る舞いの三平

「昭和の爆笑王」と呼ばれたのが先代の林家三平。テンポよくダジャレの小噺をつなげるような漫談でドカンドカンと客席を沸かした人気者でした。額にコブシを当てて「ドーモ」とやるポーズがトレードマークでした。

一九八〇（昭和五五）年に五四歳の若さで亡くなりました。

三平の父親は七代目林家正蔵。あたしの師匠の八代目が一代限りの約束で借りた名跡は林家の「止め名」でもあります。七代目はケチで知られていたらしく、それを反面教師にしたのか三平の羽振りのよさはピカイチでした。

あたしもずいぶんとおこぼれにあずかりましたよ。

正月は落語家にとって稼ぎ時です。普段、寄席は昼と夜の二部興行ですが、一月は三部、四部制の初席、二の席と続きます。前座にとっても一年中で一番うれしい季節です。お年玉がもらえるからです。

落語家の世界では先輩が後輩にお年玉を配るのがならわしです。幹部連中は一〇〇円札を折ってポチ袋に入れて一〇〇～二〇〇円。楽屋で顔を合わせ「師匠、あけましておめでとうございます」と挨拶すると「はいこれお年玉」。特定の後輩だけに渡すのではなく、全員にです。ちりも積もればで、前座にとっては合わせれば結構な収入になるし、反面、師匠連中にはかなりの出費です。

あたしも毎年、大晦日になると妻と二人でポチ袋にお年玉を入れて、渡す人の名前を袋に書くのが毎年の恒例行事でした。郵便局もよくしたもので、この時期になると「今年はおいくらお持ちすればよろしいですか」と電話が掛かってきます。「一万円札〇枚、五〇〇〇円札〇枚、一〇〇〇円札〇枚お願いします」なんて。

相当な額になります。あたしはもらったお金は右から左へすぐ使ってしまうので、そういった出費のために妻がしっかり金銭管理していてくれました。

さて幹部連中の中でも破格のお年玉をくれたのが三平でした。

最初にもらったのが二〇〇〇円で、前座最後の年が五〇〇〇円でした。高卒公務員の初任給が三万円ぐらいの時代ですよ。一度なんてもらったあと、別の場所で会ったときにくれようとするので「いただきました」と言うと「いいから取っておきなさい」と言ってくれました。

一度、浅草演芸ホールで生放送された正月の番組で、「前座のお年玉」を暴露されたことがありました。

「皆さん、この前座、お年玉で五万円もらっています。お正月はうれしいですか？」

「はい。ずっと正月でいたいです」

あたしはもらったお年玉はきれいさっぱり仲間と飲んじゃいましたが、先輩の三遊亭鳳楽はポチ袋をホチキスでとめて貯めていました。お堅いのですね。

三平についてはこんな思い出もあります。

当代一の人気者で、売れっ子。羽振りもはんぱなくいい。それなのに寄席の楽屋では努めておとなしくしていたのを覚えています。自分の出番が終わって時間があるときは背広に着替えて、楽屋の隅の方で黙って正座しています。寄席がはねるとトリの幹部連中に「師匠、お車を用意してあります」と運転手付きの自分の車で家まで送り届けていました。

講談を題材に父の七代目正蔵が落語に取り入れた「源平盛衰記」も高座にかけていましたが、ほとんどが小噺をつなげるような噺を演じていました。本寸法の古典をきっちりとやる〝本格派〟の師匠連中の中には「三平のは落語じゃない」と眉をひそめていた人もいました。大きなコンプレックスを抱えていたのかもしれませんね。

大酒飲みのこん平

そんな三平の直弟子が林家こん平でした。

二〇二〇（令和二）年一二月一七日、多発性硬化症を病んで七七歳で亡くなりました。

新潟県刈羽《かりわ》郡千谷沢《ちやざわ》村（現・長岡市）出身。「笑点」でよく「ちゃーざー村」のネタをやっていましたね。

三平のもとには中学を卒業してすぐ米俵一俵をかついで入門したという逸話が残っています。

一九六六（昭和四一）年の「笑点」の放送開始当初から二つ目の身分で「大喜利」のメンバーでした。

売れる落語家は、寄席の楽屋での立ち居振る舞いから違います。こん平は頭がよくて機転が利く前座でした。明るい性格もあって一八歳の頃にはテレビやラジオで番組を持っていました。以来、ずっと売れっぱなし。あたしよりも三歳年上。自分の弟子よりもあたしのことを可愛がってくれたような気がします。

こん平は人を連れてにぎやかに飲むのが大好きでした。にぎやかを通り越してうるさい。たとえ飲みたくなくても無理矢理連れていかれます。

ほとんどの人が嫌がっていたのではないでしょうか。なぜなら延々と飲み続け、最後まで帰してくれないからです。

昼の部は夕方五時に寄席がはねるとそれから、夜の部は九時半から始めて、どちらも明け方まで。誘われても「すみません、このあと、仕事があるので」とことわる人が多い中、あたしは「お供します」。

居酒屋、焼き肉屋など何軒もハシゴして、向かったのは浅草でした。

「兄さんどこに行くんですか?」

「寿司屋だよ」

「こんな時間、開いてませんよ」

ところがやっているんですよ。午前三時半。

「師匠どうも、いらっしゃい」

心の中で「『いらっしゃい』じゃないよ。頼むから店を閉めておいてくれ」と叫びました。

こん平の前には黙って大トロ一〇貫が並びます。焼き肉を食べておなかもいっぱいのはずです。

「おやじさん、頼んでないよ。食えないよ。こんな脂っこいもの」

あたしが言うとこん平はにやりと笑って「俺が食うんだよ」。

こん平はおなかをいっぱいにしておいて、締めで米を食べる。そうすると米がアルコールを吸ってうんこになって出てすっきりする。そんな考えを持っていました。汚ないなぁ。

こん平は誘った相手が嫌がれば嫌がるほど帰さない。人を試すようなところがありました。

寄席の楽屋でも「えっ、こん平師匠が出るの？ なら俺、早く帰るよ」なんて皆、逃げちゃう。

「巣鴨台風」が深夜に上陸

そんなこん平は巣鴨《すがも》に住んでいたので「巣鴨台風」と呼ばれていました。

そしてあとに残されるのはあたし。喜んでお付き合いしました。

飲み食いの払いはすべてこん平です。一年中お金を払っていました。誰もが嫌がっていた「巣鴨台風」でしたが、あたしの一家は大歓迎でした。

これはのちの話です。こんなことがありました。

酔ったこん平が訪ねたのは根岸。三平の家です。師匠は亡くなっていていませんが、香葉子夫人と息子の正蔵はいます。

「おい、香葉子、開けろー」

普通は「女将さん」ですが、中学校を卒業して弟子入りして以来の関係ですから、実家も同然。

午前二時半頃です。大声を出して、近所迷惑なんて関係なしです。

「開けろ。この野郎」

玄関のモニターに映った酔ったこん平を見た正蔵が「お母さん、こん平師匠が来たよ」。

「開けたらダメよ。無理だから。『帰ってください』と言いなさい」

「言えないよ」

「いいから」

　機転を利かせた正蔵、「うちよりも好楽師匠の家が開いているんじゃないでしょうか」。

「あっそうか」とあっさりと納得し、当時、あたしたち一家は西日暮里のマンションに住んでいて、そのドアの前に立ったこん平。

　チャイムが鳴って「どなた？」と深夜の訪問者に声を掛けたのはあたしの妻・とみ子。

「こん平でございます」

「あら師匠、待っていてくださいね。いま開けるから」

　開けちゃった。おまけにまだ小さかった子どもたちを起こして「皆、起きなさい。こん平師匠が見えましたよ」。

　こん平は「うれしいね。俺、歓迎されているね」。

　とみ子は「人といやいや付き合うのは辛い。逃げようとかごまかそうとかするのはダメ。人間、自分の嘘には耐えられない。どうせ付き合うならとことん付き合った方がいい。その方が当人も喜ぶ」。そんな考えの持ち主でした。

暴飲暴食を繰り返していたこん平ですが、一年ぐらいお酒を飲まないときが何回かありました。

健康上の理由ではなさそうです。禁酒があけた頃、こん平の弟子から電話がありました。

「師匠が『そちらにお邪魔したい』と言っています」

あたしは家族に言って用意させた白い紙に「歓迎　林家こん平師匠　御席」と書いて壁に貼り、チラシで作った輪っかをつなげて宴席をしつらえました。

それを見たこん平は感激した表情で「やったね」。

あたしの子どもたちもこん平になついていました。あるとき、こん平が旅行でグァムに行くと聞いた次女のつぎ子がお土産をおねだりしました。紙にどこどこのメーカーのこれと、このメーカーのあれと、と七つ書いて渡しました。帰ってきたこん平はうちを訪ねてきて、言われた通りの物を並べました。あとで聞くと自分の娘に頼んでグァムであちこちの店を回り、買い集めたのだとか。

まさか本当に買ってくるとは思っていなかったのですが、「弟分の娘との約束だから」と無理をしたのだと思います。そんな律儀な面もありました。

ヘネシー三本でも余裕……だが……

弟子の林家たい平は柳家喬太郎と二人で真打ちに昇進。上野鈴本、新宿末廣亭、浅草演芸ホール、池袋演芸場、国立演芸場で一〇日間ずつ行われる披露興行では師匠や幹部が新真打ちの披露口上で高座に並びます。その日の公演が終わると必ず打ち上げがあります。参加した師匠、幹部連中、その日の出演者らの飲食は新真打ちがすべて持ちます。これは落語界のしきたりです。

最近は五人一緒に真打ち昇進とか、まとめて上げるので負担は少なくなります。ですがこのときは人気者の二人。そして毎回のようにこん平が打ち上げに参加します。

「ベンツ二台分ぐらい使いました」とは喬太郎の話です。

二〇二〇（令和二）年と二〇二一（令和三）年、昇進した真打ちはコロナで打ち上げを自粛。寂しいことですが、金銭面ではだいぶ助かったのではないでしょうか。

どれだけ飲んでもこん平は「二日酔いはしたことがない」と言っていました。二人会の公演で地方を旅して、スナックでヘネシーを三本飲んで、あたしはひどい二日酔いでうなっていたのに、こん平はホテルの朝食をたいらげ、午前八時に一足先に出発したこともあります。

人間ドックの受診日も、朝まで飲んで検査を受けていました。

「兄さん、体めちゃくちゃだったでしょ」

にやりと笑ったこん平。「それが何ともないんだよ」

医者も何か病気を探せって言うの。

無茶をしていても元気いっぱいのこん平でしたが、健康に陰りが見えたのは一緒に地方公演へ行ったときです。声がかすれて、いつもより声量が落ちているのに気がつきました。

そのことを指摘すると「喉の薬を飲んでいる」と言います。

病院嫌いだということを知っているので、こっそりと弟子に「病院に連れていった方がいい」と言いました。

そんな状態が二年間、続きました。

二〇〇四（平成一六）年、日本テレビ「24時間テレビ」の「笑点」コーナーの生放送で、こん平の体調不良が明らかになりました。まず自分の草履が履けない。大喜利の答えもいつもの調子ではありません。

「兄さん、これが最後になるのかな」という悪い予感は当たり、その次から「笑点」を休みました。

あのとき無理矢理、病院に行かせればよかったのかな、とも思いましたが、手遅れでした。

多発性硬化症や糖尿病を患い入院したこん平に、長い手紙を書きました。

「元気になって帰って来ないと許さないよ。兄さんが盛り上げた『笑点』をつぶすわけにはいかないんだから」。見舞いに病床を何度も訪れました。

あの世に行ってもわいわいやっているのでしょうか。

「おいこん平が来たぞ」と慌てて隠れてしまった立川談志、古今亭志ん朝、五代目三遊亭円楽の姿が目に浮かびます。

落語協会をしょって立つたい平

こん平が手塩にかけて育てた愛弟子が林家たい平。あたしと同じく「笑点」の大喜利メンバーです。

落語協会を背負って立つ逸材で、リーダーシップもあり、トップランナーとして自ら意識して振る舞っていますね。彼の努力と才能もありますが、落語界で生きていけるのはこん平と、住み込みの内弟子になった海老名家のおかげだと思います。

東日本大震災のときボランティア活動も積極的に行った正義感の固まりでもあります。

男っぽくてキリリとしたところがある半面、茶目っ気もたっぷり。

「笑点」の放送開始五〇周年のとき、日本テレビが大喜利の出演者全員に「いつまでも元気でいてください」と人間ドックを受けさせてくれました。あたしはそのとき、腸にポリープが七つ見つかり内視鏡手術で取りました。

二人一組で、たい平は「笑点」の座布団運びの山田隆夫と一緒。

検尿のとき、冗談で山田に言ったそうです。

「山田さん、おしっこの量が少ないんで、僕のを足しておきました」

もちろん本当に入れているわけではありませんよ。

シャレがまったくわからない山田は「何考えているんだよ。そんなこと許されないぞ」と本気で怒ったそうです。

「好楽師匠が同じこと言われたらどう返します？」と言うから「いつも大量に入れてくれてありがとうね、と言うね」。

それが落語家でしょ。

話のついでに山田隆夫。何でこの人に人気があるのかな、といつも思っています。

ただ不思議なことに番組の最初の方の挨拶で出てきてにっこり笑うと可愛く見

える。ただそれだけの存在でしょうね。

立川談志

「志ん朝に顔が似てるね」

昔の落語ファンにとってバイブルのような本が『現代落語論』（三一書房）。一九六五（昭和四〇）年に立川談志によって書かれた本です。当時は空前の落語ブームで、ファンのみならずその頃に入門した落語家にとってもバイブルでした。あたしも買って何度も読み返しましたし、同年代の桂米助、三遊亭小遊三も読んだと言っていました。

「落語小僧」で高校生の頃から池袋演芸場に通っていました。寄席は一〇日ごとに番組が替わります。そこで談志に出会うことはありませんでした。

初対面はあたしが八代目林家正蔵のもとに入門してから前座として楽屋入りしたときです。

新宿末廣亭でした。談志は細い体で、マンボズボンを穿いていました。「マンボズボン」とはマンボのバンドマンが穿いていた細身のズボンです。

独特のオーラを放っていました。

「お前、誰の弟子？　稲荷町（正蔵のこと）の？　志ん朝に顔が似てるね」と声を掛けてくれました。

出番はトリではなく浅い（早い時間の）上がり。付き添っていたのが現在、立川流代表を務めている土橋亭りう馬。当時は前座で談十を名乗っていました。

寄席では二日に一回、「割り」といって出演料が出ます。

昔もいまも変わっていませんが、「割り」はお年玉のポチ袋を横に重ねたぐらいの大きさの封筒に入れて渡されます。談志はそれを受け取ると、カバンから出した郵便貯金通帳に挟んで談十に渡します。彼も心得たもので「はい、郵便局へ行って参ります」と入金しに行きます。

「細かく儲けているな、この人は」と思いましたね。

余談ですが、寄席の出演料は昔から入場したお客さんの数によって変わり、チケットの売上げを寄席側と出演者が折半してから、出演者全員に分けるシステムです。昔はその日、最後に高座に上がる出演者がすべて「取って」から分配したところから「トリ」と言われたそうです。だから分配金は「割り」ですね。

割りは出演者のランクによって異なります。この人は客一人あたり「○円」というように事前に決められています。

なので、土曜日、日曜日など満席になる日はともかく、金額的にはたかが知れています。談志クラスでももらえて数千円でしょう。

あたしは割りをもらったら右から左で、すぐに使ってしまいましたが、ものは考えようです。毎回、入金しておけば無駄使いする心配もないし、「○月○日、どこ郵便局でいくら」という履歴を通帳で見れば日記代わりに楽しめる、そんな考えだったのかもしれません。

先輩の三遊亭鳳楽は、前座の頃からもらった割りはとっておいて、大晦日にまとめて袋を開けていました。前座は一日一〇〇円と決まっていましたが、それでも何万円かにはなります。

もらった先から袋をやぶいて、中身を出し「おーい、前座、ゴミ箱持ってこい」と袋を捨て、むき出しで札をポケットに入れていたのは兄弟子の五代目春風亭柳朝でした。

柳朝については後述しますが、当時は五代目三遊亭円楽、立川談志、古今亭志ん朝と並んで若手四天王と呼ばれた売れっ子でした。

「大工調べ」で志ん生の一言に絶句

談志は楽屋入りすると、ほかの師匠連中と雑談をし、着替えて「師匠、出番です」の声に「おぅ」と軽く答えて高座に上がる。そして客席をドカンドカンと受けさせているのが聞こえてきます。降りてくるとさっさと着替えて、風のように去っていきます。売れっ子だったということもあるのでしょうが、お年寄りの師匠連中のように早くに楽屋入りして、出番が済んでからもだらだらと楽屋に残っていることはなかったですね。

人の好き嫌いが激しい人でしたが、あたしの師匠である正蔵には一目置いていました。

あるとき、「きょうはまだ稲荷町来ないの？」と聞くから「もう間もなくです」。正蔵が楽屋入りするなり、談志は気安く「稲荷町の師匠、あの噺は、無理があると思うんだけどどうです？」。

「あれは◯◯さんがそうしたんですよ。ほんとは違うオチにした方がいいんですよ」

「そうでしょ。あたしもそう思ったんですよ」

なんて話しているのを聞いたことがあります。

それを聞いていた周りの落語家も正蔵と談志のやりとりを参考にしていました。

正蔵は博識で、落語界の生き字引みたいな人です。談志もそれをわかっていて、芸談を楽しんでいた節があります。

同じ大名人でも三遊亭円生に落語の件で話しかけているのは見たことがありません。

嫌いだったのでしょうね。


名人上手との芸談といえば、のちに談志から聞いた話です。

「大工調べ」という落語があります。談志も時折、高座にかけていました。

大工の与太郎は、腕はいいけど、人間としては抜けている。長屋の家賃を半年、払わなかったので、大家に借金のカタに道具箱を取られてしまいます。道具箱がないと仕事にも出られません。そのことを知った棟梁《とうりょう》の政五郎は、与太郎を連れて大家のもとを訪れ、掛け合います。

借金は一両二分八百文。政五郎が懐に持っていたのは一両。

「一両立て替えて払うから道具箱を返してください。残りは明朝」と頼みますが首を縦に振らない大家。その意固地さと態度にブチ切れた政五郎が切る啖呵《たんか》がこの噺の聞かせどころです。

大家のことを「丸太ん棒」だの「馬の骨」だのとなじった挙げ句、彼の素性に至るまで立て板に水でまくしたてます。

聞く者にとっては胸がすーっとする噺の展開ですが、そこは談志です。

訪れたのはこの噺を得意とする古今亭志ん生の家でした。

その頃の志ん生はすでに晩年、高座に上がることもなくなっていました。

「師匠、『大工調べ』の政五郎の啖呵、あれおかしいでしょ。家賃を全額払えないからきょうは一両だけでとお願いしている。『ダメだ』と言う大家は正しい。全額耳をそろえて払うのが筋ですよね。なのに大家を悪者にするようなあの啖呵は理不尽ですよ」

談志としては、志ん生が答えに窮して、困る顔を見てみたいといういたずら心にも似た気持ちがあったのかもしれません。

「どうですか師匠」と詰め寄ると志ん生は言いました。

「政五郎は啖呵が切りたかったんだよ」

談志はこの言葉に絶句しました。志ん生はたった一言で落語の本質を言い当てたからです。

大家は、もともと流れ者で、後家に取り入っていまの地位に収まった人です。与太郎の道具箱の件だけではなく、政五郎にとっては大家に普段からいろいろと面白くないことがあった。憤懣《ふんまん》やるかたない思いが一気に噴出したのがこの啖呵。そう考えるとすべてが腑に落ちたと、談志は言っていました。そして感心したように「すごいよ。勝てないよ。志ん生はブレない。名人ここにありだ」と付け加えました。

同じ質問を談志から投げかけられたとしたら正蔵ならどう答えたでしょうか。

小さんと談志の会話

落語協会の分裂騒動で、のちにたもとをわかつことになる談志の師匠、五代目柳家小さんとの会話を耳にしたことがあります。

「談志、今度、旅に出るんだけど、談吉を貸しておくれ。あいつは気が利くから」

談吉とは現在の立川談幸のことです。

「おお、いいですよ。談吉、今度、師匠のお供をしなさい」

「よろしいんですか、ありがとうございます」と恐縮する談吉。

そんな気安い関係を横目で見ていて、売れっ子の弟子と将来は落語協会の会長になる師匠の気安い関係の中に、「この一門は冴《さ》え渡っているな」というねたましさもありました。


談志が自らつけた戒名は「立川雲黒斎家元勝手居士」。他人のことなど関係ないかのような傍若無人で常に勝手な振る舞いをしていたように思われがちですが、後輩たちへの目配りを怠ることはありませんでした。

あたしにも一〇人の弟子がいます。一門を合わせれば一七人です。たまに全員が集まって宴席などで話をすることがあります。そういうときにあたしをじっと見て、何か言いたそうにしている弟子が一人や二人いるものです。

「何か聞きたいことあるの？」

「はい。この間、師匠がやった落語、あれ初めて聴きましたけど、どなたに教わったんですか」なんて。

それと同じであたしが談志の顔をじっと見ていると、ただでさえ鋭い感性の持ち主です。察するところがあるのでしょうね。

「お前さあ、林家に何教わったの？」「ああ、その噺か。あれはさあ、つまんねぇんだよな。でも、お前とこの師匠は弟子に必ず教えるよな。堅いからな」と毒舌を交えて気安く話しかけてくれました。

正蔵から最初の頃にあたしが教わったのは「道具屋」です。

「柏木は『八九升』だしな」

柏木とは三遊亭円生。入門したての弟子に必ず教えるネタでした。

「つまんねぇなら来るなよ」

前座の頃、談志と一番よく、一緒の時間を過ごしたのが新宿末廣亭。談志はトリで一〇日間、毎日、「ねずみ穴」を高座にかけていました。

同じ噺をしていても、談志は、来るお客さんが「俺の『ねずみ穴』を聴きに来ている」という気持ちだったのでしょうね。

談志目当ての客で毎日、超満員の盛況ぶりです。

八日目ぐらいだったでしょうか。トラブルは起こりました。

噺は佳境、もうすぐサゲにかかるというときです。一番後ろに座っているお客さんがすっくと立ち上がり言い放ちました。

「談志、面白くない!」

客席はもちろん、楽屋も凍り付きました。

「いまの人、何よ」と。

ところが談志、驚くそぶりもありません。

噺を中断すると「じゃあ、帰ればいいじゃねぇかよ。つまんねぇなら来るなよ」。

客は談志の言葉を聞くと、席を立ったまま、帰ってしまいました。

客席は談志の味方です。「何だ、あいつは」と帰っていく男の背中に非難の目を向けました。

「しょうもねぇな」と談志はつぶやくように言うと、何事もなかったように噺の続きを始めたのです。すぐに客席は突然のトラブルでざわめいた雰囲気が消え、談志と客の世界に戻っていきました。

そして「夢は五臓の疲れだ」とサゲまできちんとやった。万雷の拍手です。見事な火消しぶり。びくともしません。さすがだな、と思いましたね。

楽屋に戻ってきても談志は普段通り。「つまらない」と言って出ていった客のことをとやかく言うこともありませんでした。

寄席では客席の小さなトラブルは日常茶飯事です。人情噺の途中で、コーラの瓶がコロコロ転がり出したり、赤ちゃんが突然、泣き出したり。裏に回ってお客さんに注意を促すのも前座の仕事でした。

あたしのためだけの「芝浜」

談志にも気に入られたようで、気安く話ができるようになった頃のことです。

池袋演芸場の楽屋でした。周りの前座は談志一門がほとんど。あたしの後輩にあたります。

談志はあたしの顔を見つけると「おう、九蔵」。すかさずあたしは「師匠、きょうは勉強しに参りました」。「何言ってるんだい」と言いながらも内心はうれしそうな談志。そんなやりとりを弟子たちは笑いをかみ殺しながら見ています。

トリで高座に上がった談志。いつもの通り、客席に向かって語りかけるようにして噺を始めました。

舞台そでに正座をして勉強をしているあたし。

「きょうは何やりゃいいんだよ。あそこに林家のとこの九蔵が来てるんだよ。勉強だってよ」と言うなり「お前さん起きとくれ」と「芝浜」に入りました。

「俺のために談志師匠がやってくれている。うれしいな」と思いました。談志一門の弟子たちは師匠の噺も聴かず雑談に興じています。

「こいつら師匠の噺も聴かないでもったいない」と思って高座に真剣な視線を送っていると、談志がちらちらあたしの顔を見ます。

「お前のためにやってるんだ」という気持ちが伝わってきます。しようがないから、あたしは談志がこちらを見るタイミングを見計らって懐から手ぬぐいを出して目頭に当てました。

談志一門の弟子たちはあたしの演技を見て「くさいねぇ。泣いてるよ」。「芝浜」は談志の十八番です。のちに談志の「芝浜」が聴きたいという客で何度も大きな会場を満員にしました。そんな名人芸をあたしは独占したような気分になりました。

ご機嫌で降りてきた談志。「おいどうだった?」

「最高でした」とあたし。そんなやりとりに「どこが?」と笑いをこらえている一門の弟子たち。これも楽屋風景です。

「芝浜」も「ねずみ穴」もあたしが得意としているネタです。この噺を高座にかけていると所々に談志の影響を感じることがありますね。

「談志師匠は二度と呼びません」

地方公演にもよく一緒に行きました。

前座の頃からです。寄席の縮小版のような感じで、前座、二つ目、色物、真打ちと一座を組んでの旅興行です。

地方公演は「アゴ」「アシ」「マクラ」付き。つまりギャラのほかに往復の交通費と宿泊、食事代が出ます。一度、こんなことがありました。

一座でホテルに宿泊。部屋で集まって飲み始めました。

酒は備え付けの冷蔵庫に入っているビールやウイスキー、日本酒、ジュースなどです。値段は明示されていますが、市販されているものよりもかなり高額です。

談志がそんな酒を「全部、飲んじゃえ」と言うので、冷蔵庫を空にしたのち、追加で注文。支払いは何万円にもなりました。

「こんな飲んじゃっていいんですか？」

「いいんだよ。こんなの主催者にツケとけばいいんだ」

支払った主催者から「二度と談志師匠は呼びません」と言われたそうです。

談志は自分に対する扱いが気に入らなかったのか、相手を試しただけなのか。

そう言われて「二度と来ねぇや」。

談志は地方へ行っても、あたしたちと外で飲み歩くなどということはあまりした。基本的に公演以外は、ホテルの部屋にこもっている。ご馳走したり、酒を飲ませてくれたりするタニマチ風の人たちとつるむのも苦手なようでした。

直弟子の立川ぜん馬に聞いたことがあります。

「師匠は呼びに行くまで、ベッドで靴のまま横になりながらブツブツ、稽古をしています」

数々の名演はこうした日々の稽古から生まれたのかもしれません。

稽古をしないと言われているあたしですが、実は人に隠れてしています、ということにしておきましょう。

高座やテレビなどの出演をすっぽかしたり、客に怒って途中で高座を降りちゃったり、とお騒がせの話題には事欠かなかった談志です。周りも腫れ物に触るような扱いでした。

だから主催者の気の使いようは大変なものです。

談志と鶴瓶と銀座の夜

現在、落語界のトップランナーである春風亭小朝さえも、談志には手を焼かされた一人でした。これはあたしが真打ちになり、落語協会を飛び出して五代目三遊亭円楽に弟子入りし、好楽を名乗ってからしばらく経ってからの話です。

落語界の衰退に危機感を持った落語家六人が旗揚げした「六人の会」。春風亭小朝が中心となって二〇〇三(平成一五)年に起ち上げました。

ほかのメンバーは、笑福亭鶴瓶、春風亭昇太、九代目林家正蔵、立川志の輔、柳家花緑です。

小朝プロデュースの会のゲストが談志でした。

公演が行われたのは有楽町のよみうりホールです。

当日の午前中に小朝から電話がありました。

小朝は、あたしの兄弟子の五代目春風亭柳朝の弟子。正蔵一門の甥っ子のようなものです。

「好楽兄さん、きょうの夜は何をしていますか？　談志師匠に出てもらうのですが……談志師匠が不機嫌だとやだな。兄さん、来てくれるとうれしいなぁ」

落語界にとって協会など所属団体の枠を取り払って行われた画期的なイベントも、談志にかかれば「こんなくだらないことをやりやがって」です。

談志の出番は仲入り前。トリは上方落語の六代目笑福亭松喬《しょきょう》です。彼も若くして亡くなりましたが。ほかの演者は立川志の輔らでした。ファンならずともそろいぶみを見てみたい豪華メンバーですよね。

あたしは名古屋で仕事があったのですが、かわいい甥っ子の頼みならと「いいよ。最初からそこに行くつもりだったから」と出番はなかったのですが、名古屋からよみうりホールへ入りました。

楽屋の大部屋に入ると、ひとかたならぬ緊張感が漂っています。演者や前座、スタッフが遠巻きにして談志を見ています。

談志はいかにも不機嫌という表情で、大きなため息をついたりしながら話しています。

それは談志独特のポーズ。相手をしていた志の輔も困った顔です。

談志が自らの楽屋に引っ込んだのを見計らって、「失礼します」と顔を出しました。

「おぅ、何だい。お前、きょう出番はないぞ」

「名古屋から師匠に会いに来たんですよ」

一転、うれしそうな顔になった談志。楽屋のスピーカーからは高座で話す志の輔の声が聞こえてきます。

「うるせぇんだよ。誰か消せ。邪魔だよ。馬鹿野郎」

「あのさぁ、『火事息子』で、稲荷町（八代目正蔵）は……」とマクラもなしに芸談に突入。話ができる弟分が来てくれた、そんなうれしさをかみ殺してのテレ隠しだったのかもしれません。

芸談はいつものことです。あたしも「あそこはですね……」と受けて立ちます。

「あっそうか。稲荷町の『火事息子』はそうか。俺、勘違いしてたわ」

まるで先生が生徒に教わるような雰囲気です。持論を押し通すわけでもなく、教えを受けている談志は至って謙虚でした。

あたしと談志が真剣な表情で話しているのを周りの人はどう見ていたのでしょう。まさか芸談をしていたとは思っていなかったでしょうね。

談志の出番が終わった頃に楽屋にふらりと笑福亭鶴瓶が顔を出しました。鶴瓶も「談志師匠に会いに来ました」。

うれしそうな談志。小朝が用意してくれた打ち上げ会場まで、銀座の街を三人並んで談志を真ん中に肩を組んで歩いたのも楽しい思い出です。道ゆく人は皆、振り返っていましたが。

打ち上げの最中もあたしと鶴瓶と三人でたっぷりと芸談をして、談志はずっとご機嫌でしたね。

自分が中心にいるような酒席は好きでしたが、打ち上げのように大勢でいろいろな人が集まるような席を談志は好まなかったようです。

酒も弱かった。飲んでみせるのも一種のポーズ。「俺はこれが好きなんだよ」とビールに氷を入れて飲んでいました。

「絶対、うまくないと思いますよ」と言おうと思いましたが、当人がそうしたいと言うのです。あとハイボールをちびちび。酔うのは酒のせいではなく「ハイミナール」という睡眠薬と一緒に飲んでいたからかもしれません。

死ぬ前に俺の落語を聞きに来たのか

地方公演ではありませんが、荒川区・ムーブ町屋のこけら落としで行われた落語会で談志と共演したときの思い出です。

演者は談志と立川談四楼、三遊亭鳳楽とあたし。トリは談志です。チケットは完売です。

あたしはその日、早くに会場入りしました。するとスタッフの人が困り果てた表情をしています。ため息もついています。

「どうしたんだい」

「好楽師匠、私たち知らなかったんですよ」

「何が？」

「三人で来るというお客さんがいて、どういう人かお聞きしなかったのですが実は……」

スタッフが言うには、その三人は重病患者と医師と付き添いの看護師。患者はベッドに寝たきりで、点滴などの管もつけたまま。患者が「どうしても談志師匠の落語を聞きたい」というので特別に一時退院の許可を出し、万全の医療体制で会場にやって来る。「談志師匠は最近、客席と喧嘩して、そのまま高座を降りちゃった、と聞きました。ベッドに横たわっている人を見て『馬鹿野郎、そんなの呼ぶんじゃねぇ』とやめられちゃったらどうしましょう」

言い分はわかります。天下の談志は、天下の気分屋でもあるのです。

「ははん、そういうことなら……」とあたしは思いました。

「その人をどこにご案内するつもりですか」

「どこにいてもらおうかと思いましたが、客席の一番後ろに……」

「あたしの意見を言わせていただきます。一番、前にご案内してください」

「目立つじゃないですか」

「大丈夫です。あたしが保証しますから。任せておいてください」

談志は早めに楽屋入り。トリだったはずなのに、「俺、トリ取らないからな。鳳楽、お前がやれ」。いきなりのわがままです。

そしていよいよ談志の登場です。客席は割れんばかりの拍手。高座布団に座って、丁寧に頭を下げ、少し前屈みになるようないつものかたちで、「えーっと」と視線を向けるとベッドに横たわる患者さんが談志の目に入ります。

「いいカタチだね。そうか。死ぬ前に俺の落語を聞いてあちらへ行こうという。そういうオツな考えで来たんだね。先生も看護婦さんもご苦労さん」

会場にドッカーンと笑いがはじけました。

心配していたスタッフが「好楽師匠、本当にあれでよかったんですね」。

あたしは「あそこに患者がいて、怒るようなら談志じゃねぇよ」と誇らしい気持ちになりました。

談志は喜んでいたのです。重病なのに自分の噺を聴きに来てくれたということも。

患者さんも、手を叩きながら涙を流して笑っています。

公演が終わって、鳳楽と三人で行きつけのバーへ行きました。その席で珍しく談志はあたしに「きょうのお前の噺はよかったよ」。聴いてくれたのですね。「お前が一番だ」とお世辞まで言うのです。患者さんが来てくれたのがよほどうれしかったのでしょうね。

あたしがその日やったのは鳳楽から教わった三遊亭円生のネタ「肝つぶし」でした。

二四時間、落語のことを考えている

談志とかわした芸談の中で覚えているのは「小言幸兵衛」のワンシーンに関することです。

世話好きだが、何かと口やかましい家主の幸兵衛。空き家を借りに来る豆腐屋、仕立て屋を何やかや小言を言って追い返します。

「この人なら」という借り手を前に、幸兵衛は、「おいばあさん、お茶出しなさい。布団出しなさい」と一呼吸置いて、「寝る布団持ってきてどうすんだよ」。

コメディー映画のワンシーンのような、たったこれだけの老夫婦の滑稽なやりとりを例に挙げて、談志は言いました。

「あれだよ。あれが俺たちの世界なんだよ。どんなに有名な文豪が書いてもあんな言葉は出てこないよ」

そう言う談志にあたしは「師匠、落語に勝るものはありますか？」とぶつけました。

談志は「落語に勝るもんなんか一つもないよ。エンターテインメントのナンバーワンは落語なんだよ」としみじみとした口調で言いました。

この人は二四時間、いつも落語のことばかり考えている。

毀誉褒貶《きよほうへん》いろいろありますが、何よりも、誰よりも落語を愛していた談志は、あたしにとってとても純粋で一途な人に見えました。

バー美弥の思い出

談志が贔屓《ひいき》にしていた銀座のバーが「美弥」でした。二〇一六（平成二八）年末で閉店しましたが、あたしも前座のときからよく談志に連れられて行きました。もともと林家木久扇が談志に紹介し、気に入って通うようになりました。店のマッチに描かれている絵は、木久扇の手によるものです。

談志といえば「美弥」、「美弥」といえば談志というほど深いつながりがありました。

内幸町のイイノホールで行われた落語会の帰りにも「美弥」に連れていってもらいました。そのときは三遊亭小遊三も一緒でした。

カウンターに皆で並んで座ります。

談志はハイボールをちびちびとなめるようにして飲みながら、マスターの田中さんを相手にしゃべっています。あたしたちも「そうだったんですね師匠」などと言いながら、その話に耳を傾けています。談志の話はとにかく面白いんですよ。

教壇に立つ先生と生徒のような雰囲気ですが、そんなあたしたちに談志は気を使って「お前ら、俺の話なんか聞かないんでいいんだよ。お前らはお前らで飲めや」。

「そうじゃないんですよ。めったに聞けない師匠の話を聞かせてください」とあたしたち。

談志はご機嫌でまたマスターとの話を続けました。

当然、払いはすべて先輩の談志でした。

いまは談志が立川流を立ち上げてからの一番弟子、立川志の輔や立川談春と交流があります。二人は息子の三遊亭王楽の会にゲストとして出てくれたり、しのぶ亭の高座にも上がってくれたことがあります。

仲よくなったきっかけは何かのきっかけであたしが披露した談志のエピソード。当代きっての売れっ子である二人にとっての師匠であり、あたしにとっては可愛がってくれた先輩です。共通する思いがあります。

立川志らくは寄ってこないですね。何でなのでしょう。「誰にも寄ってこないよ」なんて冗談で言う仲間もいますが。

一つの時代が終わった

二〇〇八（平成二〇）年に喉頭がんをわずらい二〇一一（平成二三）年一一月二一日に亡くなるまで、闘病を続けながら命の灯を燃やし続けていた談志。最後に見たのは地下鉄の中でした。

談志は有名になって、全国に顔が知られるようになっても移動の足には公共交通機関を使っていました。ケチだからというわけではなく、車内や車窓から世間の様子を見ることができるから好きだったのでしょうね。あたしもそうですが、特に路線バスに乗るのが好きです。

そのとき、談志は長男の慎太郎さんと一緒でした。一緒にいたあたしの妻が「あれ談志師匠じゃない？」と先に見つけました。

談志と慎太郎さんは顔を寄せ合うようにして小声で何かを話していました。

天下の立川談志の声がほとんど出ていない。もともと痩せていましたが、さらに痩せて顔色も悪い。そんな様子を見てショックでした。とても声をかけられる雰囲気ではありません。毒舌でいつも言いたい放題、肩で風を切るように颯爽《さっそう》と生きていた談志がこんなふうになっちゃった。見てはいけないものを見たと思いました。

談志の死は亡くなった二日後まで、弟子にも知らされず、通夜・葬儀も家族だけで行われました。隠していても噂は流れるものです。

二一日、あたしのもとへも親しい新聞記者から電話が入りました。

「好楽師匠、談志が亡くなったという話が出ていますが……」

「えーっ、何も聞いてないよ」

「そうですよね。あんなすごい人が亡くなったら大騒ぎですよね」

そんなやりとりでそのときは終わりましたが、亡くなっていたのですね。

しばらくたってから訃報を聞きました。

談志が亡くなって一つの時代が終わった。寂しいというより、いただいた財産を大切にしなければいけないと思いました。楽屋で教わったこと、二人で語り合った芸談の数々、そういったものです。

葬儀などは親族だけで行われましたが、「お別れの会」は一カ月後、会場は東京・紀尾井町のホテルニューオータニでした。落語家はもちろん、盟友だった石原慎太郎ら政治家、芸能界からは歌手の和田アキ子、亡くなった中村勘三郎ら、著名人約一〇〇〇人を集めて盛大に行われました。弔辞は石原慎太郎でした。

談志の落語はどれもすごいと思いますが、あたしが好きだったのは「三軒長屋」。三軒長屋の真ん中の部屋に住んでいる高利貸しの妾《めかけ》さんを巡るドタバタ劇。卓越した描写力で情景が映画のように目に浮かびます。ジョン・ウェイン主演の西部劇で「アラスカ魂」というのがありましたが、まるでそんな感じです。

至芸とともに談志はあの世に旅立ちました。しかし、あたしの中では数々の思い出とともに生き続けています。

古今亭志ん朝

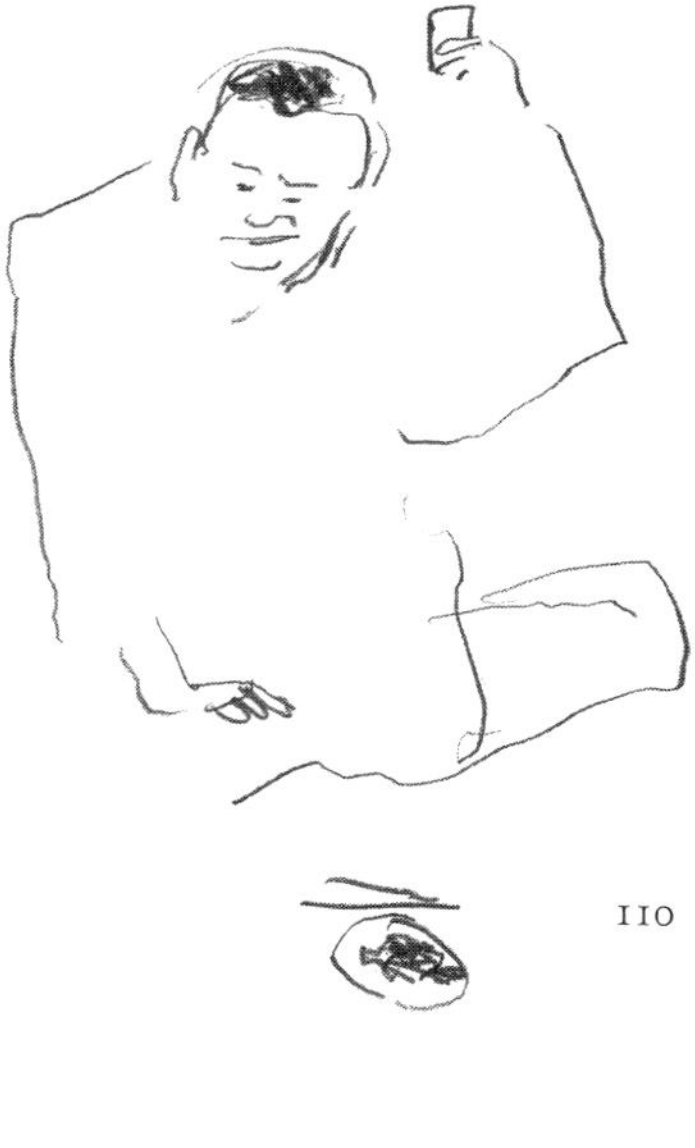

「落語小僧」と志ん朝

二〇〇一（平成一三）年に六三歳で亡くなって二〇二一年で二〇年になります。いまだにCDや関連本が売れ続けているのが古今亭志ん朝。落語界に誕生した一〇〇年に一人のスーパースターです。

そんな志ん朝と初めて会ったのは一九六四（昭和三九）年、東京オリンピックが開催された頃でした。あたしはいまも文京区にある京華商業高校に通っていました。学校が終わると東池袋にあった実家にカバンを置いて毎日、歩いて通ったたのは池袋演芸場でした。

家から歩いて行ける距離に池袋演芸場があったことも幸いでした。場所は現在と同じ池袋駅の西口。地下に客席があるいまと違って、当時は一階が映画館、二階がビリヤード場、三階が寄席で、四階がダンスホール。客席は畳敷きで座椅子が置かれ、横には桟敷。後ろに長椅子があって、そこは靴を脱がずに座れました。銭湯に「ビラ下」という無料招待券が置いてあって、行くと一人二枚までもらえます。学校から帰るとカバンを置いてそれを持って演芸場に向かいます。「お茶子さん」と呼ばれていたスタッフに「また来たね。熱心ね」なんて言われたものです。

毎回、陣取るのは演者の真ん前。五時に夜の部の緞帳が上がって、大トリの噺が終わるまでだいたい四時間半ぐらい、寄席の世界に浸っていました。

寄席は一カ月を上席《かみ》・中席《なか》・下席《しも》に分けて、一〇日間ずつ落語協会と落語芸術協会が交互に番組を作ります。当時、都内には七軒の寄席がありました。新宿末廣亭、浅草演芸ホール、上野鈴本、人形町末廣、池袋演芸場、目黒名人会、東宝名人会です。その中で、池袋は駅に近いにもかかわらず、客の入りが悪いので有名でした。

あるときは古今亭志ん朝がトリで高座に上がっていました。トリの持ち時間はほかの演者より長くて三〇分ほど。力が入れば五分や一〇分延びることもあります。

演じるのは大ネタで、父・古今亭志ん生譲りの十八番「火焔《かえん》太鼓」などの演目を熱演しているのを一〇日間連続で聴いていました。志ん朝は一九六二（昭和三七）年に真打ちに昇進したので、真打ちになって二年目か三年目の頃。まだ二六歳、華も色気もある若大将ぶりでした。

演者と客席が近いのは池袋ならではです。見上げる一メートルほど先に志ん朝がいます。唾がかかるぐらいの距離です。

私だけの志ん朝でした。出囃子《でばやし》が鳴って、ゆっくりとした足取りで、座布団に座り、前に両手をついて挨拶をし、顔を上げると満面の笑みです。もう周りのお客さんは誰も目に入りません。よく通る声、歯切れのいい江戸弁も心地よく、自分だけの幸せな時間に浸りました。

そんな私の存在は寄席に出ていた落語家や色物の先生の間で評判だったようです。

「あの高校生また来てるよ」と。こういうマニアな子どもは私たちの間で「落語小僧」と言ったりもします。

私は「落語小僧」上がりの落語家です。「笑点」メンバーでは私だけですよ。のちに八代目林家正蔵に入門してから、志ん朝のもとへ挨拶に行ったときのことです。

「稲荷町の弟子ね」と言ってから志ん朝は私の顔をじっと見ました。

「お前、どっかで見たことあるな。あっ、池袋の一番前か」

「そうです」と答えたら「この野郎、お前のせいで皆、頭来てたんだよ。ネタを変えなきゃならねぇんだよ。お前のために」。

「同じ噺も聴きたいと思っていました」と返したら笑いながら「生意気言うな。俺だよ。トリだよ。手ぇ抜けねぇんだよ」。

毎日来ている一人の落語小僧の前でも決して手を抜かない。真面目な志ん朝らしい言葉です。

あたしは尊敬の念をこめて高座でこのエピソードを話すとき必ず言います。

「志ん朝がうまくなったのはあたしのおかげ」と。

志ん朝は、入門した先は父の古今亭志ん生でしたが、前座修行は林家正蔵のもとでやりました。

これは志ん生の命令です。自分の息子が落語家を目指して弟子入りしたときに「お前は岡本（正蔵の本名）のところへ行け」と。「正蔵だけが、信頼できる落語家」と周りにも話していたようです。慰問公演で一緒に満州に行き、苦楽をともにした三遊亭円生ではありませんでした。

だから私の兄弟子と言えなくもありません。そんなこともあってか、正蔵に恩がある志ん朝には入門してからずいぶんと可愛がってもらった。

志ん朝とあたしは「顔が似ている」とよく人から言われました。これは志ん朝夫人の聖子さんがあたしの顔を見て「弟みたい」と言ったことからもお墨付きを得たと思っています。

憧れの「若大将」

名人である志ん生の御曹司、若手の有望株、将来の落語界を背負って立つ逸材との呼び声も高い志ん朝は、まぶしく光り輝いて見えました。

寄席には自ら運転する高級外車、アストンマーティンで来ることもあります。「ご苦労様です」と楽屋口で出迎えると、サングラスの志ん朝は「誰か俺の車、見ててな。警察が来るから」なんて、その姿の格好いいこと。古株の師匠の中には「落語家風情で外車を乗り回して」なんて眉をひそめる人もいましたが、あたしたちにとっては大スターの振る舞いです。

当時、人形町末廣という寄席があって、一九七〇(昭和四五)年一月に閉めましたが、最後の四年間はあたしの前座時代と重なります。志ん朝がここでトリをとるときは必ず楽屋であたしに「九蔵、きょうはどこに行くんだ?」と聞いてきます。打ち上げの相談です。

「はいきょうは〝けとばし〟で」とか「やぶにしましょう」とか、会場設定と仕切りを任せてくれました。

「けとばし」とは桜（馬肉）鍋の森下《もりした》「みの家」。馬なので蹴っ飛ばす、そこから「けとばし」と言います。

やぶは神田の「やぶそば」。老舗の蕎麦屋です。

志ん朝がまだ弟子をとる前、自由闊達《かったつ》に振る舞っていたころです。「やんちゃ」と言ってもいいかもしれません。

寄席がはねるとあたしをはじめその日の前座連中を引き連れて、打ち上げへと向かいます。

思い出すのは「やぶそば」での志ん朝の姿です。機嫌がよくて「きょうは腰を据えて飲むぞ」というときは、最初に日本酒を冷やでコップ一杯に注文します。いまのように冷蔵庫で冷やした酒ではありません。店で創業以来出している菊正宗の常温です。

志ん朝はコップ酒を一杯、くーっと一気に飲み干します。よい飲みっぷりと様子のよさに惚れ惚れしながら、コップがあいたのを見計らって「師匠、ずいぶんと下品な飲み方をしますね」とちゃちゃを入れると、「うるせーこの野郎」と言いながらもうれしそうです。

アテは決まっていて、かき揚げにつゆをかけた「天たね」でした。

楽屋でもオーラを放っていた志ん朝ですが、前座や若手にいばり散らすことはありません。気さくに声をかけてくれて、気配りを欠かすことはありませんでした。

こういう人にあたしもなりたいと思う「若大将」でした。

晩年、何かの集まりのときに志ん朝があたしに言ったことがあります。

「お前ら、前座の頃は黄金時代だったな。いい加減で、めちゃくちゃで、毎晩、どんちゃん騒ぎだったよ」

「黄金時代」が過ぎて、志ん朝は落語だけではなく舞台やテレビの時代劇などでもひっぱりダコになりました。あちこちに細やかな気を使い、神経を擦り減らしていったのだと思います。

扇橋に菓子折りを持って謝罪

志ん朝の繊細さを物語る話としてこんなことがありました。

九代目入船亭扇橋は酒が一滴も飲めませんでした。

あるとき志ん朝が楽屋で扇橋の弟子に向かって「師匠は飲めないのにお前の噺は……」と軽口を叩いたことがあります。酒飲みの噺だったのでしょうか。たぶん褒め言葉のつもりだったのでしょう。

ところがどこからかこの話を聞いた扇橋は「志ん朝は俺のことをそんなふうに思っていたのか」と誰かに話した。それを聞いた志ん朝は慌てました。「そんなつもりで言ったのではありません。申し訳ございません」と菓子折りを持って扇橋のもとを訪れて頭を下げました。落語家はシャレの世界に生きています。放っておいても後腐れが残るようなことはないでしょう。ですが志ん朝はこういうことをおろそかにできなかったのですね。

褒めてもらった「しの字嫌い」

志ん朝に教わった噺は「抜け雀」がいの一番。あとは地方公演に行くと、あたしに「俺がやった噺は覚えろ」と言いました。そでで聴いていて「お前、覚えたか？」「覚えさせていただきました」「やっていいからな」。

自分の噺をポンと渡してくれました。「風呂敷」「火焔太鼓」「妾馬《めかうま》」もその中のものです。

褒めてもらったのは「しの字嫌い」。会話の中で『し』の字を言わない賭けをするご隠居と飯炊きの噺です。

「お前、〝しの字嫌い〟、よく『し』の字を言わないでできるな」

「師匠、やらないのですか？」

「俺がやると『し』の字が出ちゃうんだよ」

「修行が足りないですね」と言うと「この野郎」と苦笑いしていました。

志ん朝は自分の弟子に対してなかなか稽古をつけなかったようです。稽古をつけるためにほかの師匠のもとで噺をさらっていた、という話を聞いたこともあります。なのにあたしに対してはどうしてなのでしょうね。

聖子夫人の幻の手作り餃子

稽古といえば前座の頃です。当時、朝治を名乗っていた同期の三遊亭円橋と志ん朝のもとを訪ねたことがあります。

矢来町に豪邸を構え、のちに「矢来町の師匠」とも言われた志ん朝ですが、このときは文京区の団子坂で新婚の聖子さんと暮らしていました。

道に迷ってウロウロしていると、上の方から「そこを行くお二人さん」。アパートの二階の窓から志ん朝が手を振っています。

夏の暑い日だったと思います。

聖子さんが冷たいお茶を出してくれると「お茶じゃないでしょ。こちらの方たちにはまずおビールでしょ」。

稽古が終わって聖子さんが手作りの餃子を焼いて食べさせてくれました。いままで食べた餃子の中では一番、というほどの絶品の味でした。

ビールと餃子の思い出が強烈過ぎて、何の噺の稽古をつけてもらったのか覚えていません。

後日、楽屋で仲間の落語家にこの話をしたらびっくりされました。

「聖子姉さん、料理するんだ」

あとになっても聖子さんの手料理の話を聞いたことがありませんから、あたしたちがご馳走になった最初で最後の落語家だったのかもしれません。

「銀座の恋の物語」で涙

若かりし頃の志ん朝のことを想像できるエピソードがあります。

あたしが真打ちになってから志ん朝と行った地方公演の打ち上げでの話です。あたしの後援会長も暇を作って同行してくれました。公演が終わって行ったカラオケスナックで会長があたしにささやきました。

「これから『銀座の恋の物語』を歌うけど、志ん朝師匠を見ててごらん」

「どうしてですか？」

「見てりゃわかるよ」

びっくりしました。

歌を聴きながら志ん朝が目頭を押さえているのです。

「この歌を聴くと必ず泣くんだよ」

志ん朝のこともよく知っている会長です。

「若い頃、銀座できっと何かがあったのだろうね」

悲しい恋と別れがあったのでしょうか？

ことの真相は聞けずじまいでした。

すべてを捧げた師匠

一九七八（昭和五三）年、真打ちの大量昇進をめぐり、当時、落語協会の会長だった五代目柳家小さんと三遊亭円生が対立し分裂騒動が起きます。一度は円生に付いて協会を出て新団体「落語三遊協会」に合流することを決めた志ん朝ですが、寄席に出られなくなることを理由に落語協会へ戻ります。

その頃からでしょうか。志ん朝は一度、協会を飛び出そうとしたこと、結果的に円生を裏切ったことを悔い、落語界の未来と同時に、協会の中で果たすべき責任という重荷を背負ってしまったのだと思います。

あたしの中の志ん朝はもっと自由闊達、破天荒な一方で太陽のようにキラキラ輝いていた落語家です。協会内部のことなんかどうでもいい。五代目柳家小さんをはじめ先輩連中は、才能あふれる志ん朝が好きに生きる道を示してあげればよかったのです。

きっと背負う荷物の大きさと重さがその命をむしばんでいったのでしょうね。最晩年の志ん朝は、正視に耐えないぐらいげっそりと痩せて、見るからに体調が悪そうでした。入院先の病院から寄席に通っているという話も聞きました。

その日は知り合いに頼まれ、午前一〇時頃から国立市で学校寄席の仕事でした。子どもを前に落語を披露して戻ると円楽一門会の後輩が言いました。

「師匠悲しいお知らせがあります」

「悲しいお知らせ」というのは誰かが亡くなったことです。

「誰？　先輩？」

「志ん朝師匠です」

　天下の志ん朝がいなくなったんだ。全身の力が抜け、とうとうお別れの時が来たんだ、と思いました。

　その足で矢来町の家へ向かい、志ん朝の亡骸にすがってわーわー泣きました。

　あたしの青春のすべてをこの人に捧げ、喜ばせてもらった人の死です。世の中にこんな悲しいことがあるんだ、と思いました。

五代目三遊亭円楽

正蔵亡きあとに入門

八代目林家正蔵に入門する前、入門したい師匠候補第一位だったのが円楽でした。

前座の頃から何かと目をかけてくれており、あたしは二つ目の頃に「笑点」の大喜利メンバーに抜てきされてから、円楽の個人事務所「星企画」に所属していました。一緒にラジオ番組に出演したりして常に交流はあったので、師匠だった八代目林家正蔵が亡くなってから一年後の一九八三（昭和五八）年に入門するのに思い悩むことはありませんでした。

正蔵も昔、三代目円楽を名乗っていた時代があります。縁を感じますね。

あたしは高校生時代、池袋演芸場に出演した円楽の高座に触れたことがあります。

売れっ子で寄席を休むことが多く、「代演・三遊亭さん生」ということも。いまの川柳《かわやなぎ》 川柳《せんりゅう》です。当時はソンブレロをかぶってギターをかき鳴らして歌う「ラ・マラゲーニャ」で売れていましたからね。

円楽がやったのは「蔵前駕籠《くらまえかご》」。堂々たる迫力の高座でした。

のちに一門の仲間にこの話をすると「師匠が『蔵前駕籠』なんてやるの?」という反応です。誰も聴いたことがないと。歴史的高座に触れることができたあたしは運がよかったのですね。

あたしは真打ちに昇進していたので、前座、二つ目と違って師匠が亡くなっても、別の師匠に入門しなければならないという決まりはありません。ただし、まだ真打ちとしての実績が積めていない若手は、名声や実力のある師匠を選んで再入門することがありました。

落語協会の分裂騒動をきっかけに協会を飛び出してから落語円楽党（のちの円楽一門会）を結成した円楽です。師匠に付いて三遊亭鳳楽、三遊亭円橋、三遊亭楽太郎（のちの六代目円楽）も出ています。円楽は落語協会時代の香盤通り、新顔のあたしを鳳楽と円橋の間にすっぽりとはめてくれて、ほかの三人と同じように分け隔てなく接してくれました。

いただいた名前が「三遊亭好楽」です。

あたしは落語協会の所属だったので、抜けるにあたって当時会長だった五代目柳家小さんに挨拶に行きました。

緊張しながら、目白の自宅を訪ねると「おやおや、何だい？」ととぼけたような雰囲気のいつものままの小さんです。

「協会を辞めさせていただきます。お世話になりました。円楽師匠のところへ行くことになりました」と伝えると小さんは「何だ。そんなことか頑張りなよ」と至って普通の対応です。

ほっと胸をなで下ろして帰りました。

小さんに認められたと思っていたら、新聞に「九蔵が小さん門下へ」という記事が出ました。

何を勘違いしたのか小さんが記者に「あいつうちに来るんだってよ」とつぶやいた結果の誤報です。

改めて小さんのもとを訪ねました。嫌でしたね、勘違いおじさんのもとに行くのは。

「この記事違うんですよ」と指摘して、再び説明すると小さんは途端に不機嫌な顔になって「何だい。そうかい。それは自由だからな。気をつけて。頑張ってくれ」と言いました。

「笑点」楽屋で大激怒

円楽一門は寄席に出ることはできません。現在は八〇人ぐらい所属していますが、当時はまだ小さな団体です。

落語協会の連中が、移籍したあたしを「大企業から町工場へ何で行くんだよ。仕事なくなるよ」と揶揄しているというのを風の噂で聞きました。

円楽はテレビの世界で活躍し、世間を沸かせた人です。

カメラが自分の方に向くように発言し、演じていました。

あるときは「さだまさしがライバル」とぶち上げたことがあります。さださんは歌手ですが、しゃべりも面白い。落語家の円楽が「ライバル」と言えばマスコミも「面白い」と飛びついてきます。

あたしは円楽に入門してから何度も叱られました。酒のことではありません。「お前は話題を作っていない。人の目を自分に向けさせる努力が足りない。落語家が落語をやるのは当たり前。そこに何か話題がないと」

「俺は落語家なんかと勝負しないよ。美空ひばり、さだまさし、鶴田浩二、高倉健を常に意識している。人前で何か演じるという点では一緒なんだから」とよく言っていました。

円楽は「笑点」で、「星の王子様」「湯上がりの男」というキャッチフレーズで売り、たったそれだけで世間に知られるようになりました。

あたしが「笑点」の大喜利メンバーとしてデビューしたのは一九七九（昭和五四）年九月九日。林家九蔵と名乗っていた二つ目の頃で、二三歳でした。三笑亭夢之助の後釜として入りました。

三遊亭好楽に改名してからも出演させてもらっていました。

円楽はいったん、回答者として出演していた「笑点」を降板していましたが、司会の三波伸介が急逝したのに伴い一九八三（昭和五八）年一月九日から司会者として復帰しました。

師匠と弟子が、「笑点」の大喜利では司会者と回答者になったのです。

最初はびくびくしながらやっていました。「やだな。きょうも師匠に怒られるのかな」と思うと毎回、収録が憂鬱でした。

そんなとき、ちょっとした事件が起きました。

「笑点」の収録前に大喜利メンバーが楽屋に集まったとき、突然、円楽があたしに言いました。

「面白くねぇんだよ。そんなんでウケると思っているのか。辞めちまえ。研究が足りない。努力が足りないんだよ」

びっくりしました。そして無性に腹が立ってきました。

「師匠が何でこんなにひどい仕打ちをするのだろう」

あたしは覚悟を決めました。コートをひったくるように取ると「失礼しました。長い間、ありがとうございました」と楽屋をあとにしようとしました。

「笑点」を自ら降りるということは落語家を辞めるということです。

慌てたのはスタッフと出演者たちです。

「笑点」から突然、好楽がいなくなる。「『笑点』で内紛勃発！」なんて新聞や週刊誌が好みそうなニュースです。それに名前入りで作った提灯もカレンダーも無駄になってしまいます。

当時、大喜利メンバーだった桂歌丸、林家こん平、当時木久蔵だった林家木久扇が必死になって円楽をなだめてくれました。おかげで番組の収録は無事、終了しました。いままで一番、いい回答をすることができました。

収録が終わって円楽は激怒したことを忘れたかのように「ご苦労さんだったね。また来週」と言いました。

帰り道、あたしは冷静になって考えました。

「面白くない」「研究が足りない」「努力が足りない」はメンバー全員に向けたメッセージだったような気がします。マンネリとなりかけている番組のだらけた雰囲気に活を入れるために、自分の弟子に怒ってみせたのでしょう。あたしも自分のふがいなさを反省しました。怒ってくれた師匠の大きな愛を感じました。

翌朝、一番で足立区内にあった円楽の家を訪ねました。

「師匠、すみませんでした」

「ああ、もういいんだよ」

「叱ってくださったこと、感謝しています」

こいつ、俺の気持ちをわかっているなという顔で「大喜利もよかったよ。飯を食っていきなさい」と天丼をご馳走してくれて、帰るときに奥さんと一緒に玄関先まで送ってくれました。

「頑張りなさいよ」という言葉も聞けてあたしは体がふわーっと軽くなるのを感じました。

円楽との師弟関係はこんなことの繰り返しでした。

こぶしを下ろしてあげるのが役目

身長は一メートル七七と長身。顔も声も大きくて、迫力満点、存在感は抜群です。そして弟子に対してはとにかく厳しい。

あたしは何回、小言をもらったことか。何か嫌なことがあったのか、機嫌が悪かったのか、楽屋であたしにぶつけてくることがよくありました。

そういうときは、円楽のマネージャーにこれからのスケジュールを確認します。

「千葉で公演です」

「近いなぁ。あたしも付いていきます」と円楽と同じ電車に乗っちゃう。

「お邪魔します。先ほどは失礼しました」

「お前、何しに来た」

「師匠のお供に……」

楽屋ではこわばっていた円楽の表情がゆるんで、「あのね、こないだね……」と雑談が始まります。

円楽がいったん上げたこぶしを下ろしてあげるのがあたしの役目でした。太鼓持ちのようなこともしました。

余談ですが、「笑点」の楽屋での円楽激怒事件は、たちまち落語協会に噂として伝わりました。

「協会で若手のホープといわれたのに円楽党に移ったらあんなことになっちゃった」

楽屋すずめたちが笑っていたそうです。

「笑点」クビの真相

「笑点」の大喜利メンバーの中で、あたしの立ち位置は、現在の林家三平のような感じでした。若旦那風の振る舞いで、自己紹介のときは「落語界の玉三郎」とよく言っていました。扇子を開いて斜め上を向くポーズも自分で考えてやったら「あれでいいんだよ」と円楽に褒められました。

「若旦那」が、いつしか「貧乏」「暇」「落語がつまらない」が売りになってしまっていまに至っています。

大喜利メンバーになって四年。全国的にも顔が売れるようになった頃、あたしは「笑点」を降板しました。「落語の修行のために自ら降りた」という風説もありますが、簡単に言うとクビです。

降板の知らせは突然でした。地方公演の旅先で、円楽から直接、伝えられました。

「お前、皆で話し合ったのだけど、今度の収録でおしまいだからね。お前もまだ若いんだから落語を勉強して、世の中にアピールしなさい」

この話を一緒に聞いていたのは同じ大喜利メンバーだった楽太郎です。事務的に用件を伝えた、という感じで、あっさりしたものです。

「俺、急に降ろされちゃったんだ」。心の中にぽっかりと穴が開いたような気持ちでした。

この時の円楽の心境はどんなものだったのか？

あとになってわかりました。

北海道の小樽《おたる》で仕事があったとき、街中でばったり円楽と行き交いました。

そのときは妻のとみ子も同行していました。とみ子は円楽に対してため口で話しかけることができるほど気安い関係で、仲よしです。

たまたま同じホテルに泊まっていることがわかりました。

関係者と打ち上げを済まして、あたしたち夫婦と弟子は部屋へ移動して飲んでいました。

ふと円楽のことが気になりました。深夜の二時頃です。

あたしは妻に言いました。

「お前、師匠一人でいるんだよ。ぽつんと。ぼんやりしていてかわいそうだよ。お前行ってやりなよ」

自分の女房を夜這いのようにして、深夜に師匠の部屋に派遣する夫も夫ですが、妻も妻。「そうね。行ってあげようかしら」

とみ子は翌朝、六時まで帰って来ませんでした。

案の定、円楽は一人で寂しそうにしており、深夜の来訪に大喜びだったそうです。

そして、とみ子は言ったそうです。

「うちの母が言っていましたよ。師匠が自分の弟子に『笑点』の降板を告げるときってさぞや辛かったでしょうね、と」

円楽は絶句しました。そしてあたしが直接、聞いたことがないような降板のいきさつを話し始めたそうです。そんなこんなで明け方まで語り合った翌朝、あたしの顔を見た円楽が開口一番、「とみちゃんが寝かしてくれなかったんだよ」。

「笑点」は放送が始まって五六年目の長寿番組です。

内容がマンネリになるのは当たり前。マンネリだからこそ日曜日のお茶の間の楽しみとして視聴者が安心して見ていられる部分もあります。

ですがあたしが降板したときの作り手はそうは思わなかったようです。

番組の新陳代謝のために白羽の矢が立ったのがあたしでした。代わりに入ったのが三遊亭小遊三でした。

この一件も落語協会の楽屋すずめの間で格好のネタになったようです。「ほら言ったこっちゃない。ざまーみやがれ。円楽のとこに行くからいじめられて辞めさせられたんだ。バカだな」と言っていたと聞きました。

あたしはそんな噂を聞いても何とも思いませんでした。あたしの実力はそんなものだ。反省して、勉強すればいいんだ。師匠を恨んでいるわけじゃない。清らかな気分で「笑点」とお別れしました。

「笑点」復帰に尽力

一番弟子の好太郎は、「笑点」を降板してからとった弟子です。師匠のレギュラー出演がないことで彼も辛い思いをしたと思います。

五年間のブランクを経て一九八八(昭和六三)年四月三日の放送分からあたしは「笑点」に復帰しました。

尽力してくれたのも円楽。再登板のプランを伝えたのはあたしにではなく、妻のとみ子にでした。これからは彼女から聞いた話をもとに構成します。

とみ子のもとに円楽から電話がありました。

「とみちゃんに話があるんだけど」

「何、師匠」

「好楽をもう一度、『笑点』に出したいんだけど」

「ダメよ、師匠。あの人、一度、降ろされた番組に戻るわけはない。強情だから」

「わかっているけど、そこをお前さんの力で復帰させたいんだよ」

電話口ではもの別れに終わりました。妻も円楽からそんな話があったことはあたしに伝えませんでした。

しばらくして玄関のチャイムが鳴りました。あたしはどこかで酒を飲んでいて不在でした。

「どなた？」

「あたしだよ」

びっくりしてドアを開けると立っていたのは円楽その人でした。当時、あたしたち家族は西日暮里のマンションに住んでいましたが、師匠が訪ねてくるなんて初めてのことです。

「どうしてもあいつを『笑点』に戻したいんだよ、あんたの力で」

「この間、お断りした通りダメです」

酔って帰ってきた私にとみ子は言いました。

「きょう師匠が来たわよ」

酔いも一気に冷めました。

「こないだ電話で断ったのに『笑点』に戻れって」

「ダメだよ。戻れるわけないじゃない。どの面下げて」

「師匠が熱心に言うのよ。師匠の顔立てないと」

考えてみれば大喜利の司会をやっているとはいえ、円楽が大喜利メンバーのキャスティングを任されていたわけではありません。

日本テレビに対して、「私が責任を取る。好楽を戻さないと私が辞める」ぐらいのことを言ったのかもしれません。

そして迎えた収録の日、楽屋で衣装部のおばちゃんがピンクの着物を用意して「お帰りなさい」。感動しました。

あたしの代わりに降板になったのは桂才賀です。彼の将来を横取りしてしまったようで申し訳ないと思いました。

「若竹」で月三回独演会

落語協会の分裂騒動で、師匠だった三遊亭円生に付いて落語協会を飛び出した円楽ですが、寄席から閉め出され上がる場所がない。そこで江東区東陽町に作った寄席が「若竹」でした。開場は一九八五（昭和六〇）年です。

あたしが円楽門下に入って二年後。「笑点」で「若竹」は「借金コンクリート」などとくすぐりのネタになっていました。椅子席が一六三席。昼は連日、円楽一門会で夜はあたし、三遊亭鳳楽、円橋、楽太郎が月に三回ずつ交互に独演会をやっていました。残りは貸し席です。

に言いました。
「勉強しなさい」と円楽は、一回について六万円ずつレンタル料として払うよう

「いっぱい売れれば儲かるじゃないか」という理屈ですが、腹の中では「何言ってるんですか。月三回も客が来るはずがない」と思いました。

例によって落語協会の楽屋すずめたちが騒いでいることが聞こえてきます。
「円楽はあんな寄席作って弟子に迷惑をかけやがって。独演会を月に三回もやらせているそうじゃないか。立川談志は弟子から上納金を取っているし、ウチを出ていった奴らはとんでもない」

協会は会員に対して、「若竹には出てはならぬ」とお触れを出しています。そんなことを言われたから後へ引くわけにもいきません。

あたしは「好楽若竹独演会」の年間チケットを作って一枚一万円で売りました。一〇〇枚売れれば一〇〇万円です。それで何とかつないでいましたが、聞かされるお客さんは大変だったでしょうね。

その頃から贔屓にしてくれる人といまだに付き合いがありますが「驚いたよ。

一カ月に三回も聴かされて。定期買って通いたいぐらいだった」と冗談で言われます。

「若竹」は一九八九（平成元）年に閉まりました。背に腹は代えられぬ状態での挑戦でいい勉強をさせてもらいました。

六六歳のとき、円楽は腎不全を病んで月、水、金曜日の週三回、人工透析を受けていました。大きかった体も小さくなって、高座でもめろめろの落語をやっていました。最後は肺がんや胃がんも見つかり、闘病の日々でした。見ているのが辛かったです。

脳梗塞のため二〇〇六（平成一八）年に「笑点」を降板。二〇〇七（平成一九）年に国立名人会で演じた「芝浜」を最後に引退しました。

「笑点」はずっと見ていてくれたようで、「好楽はあれでいいんだ。いい味が出てきたね」と褒めていた、と人から聞きました。

二〇〇九（平成二一）年一〇月二九日、円楽は七六歳で亡くなりました。

その日の朝、王楽が病床に見舞いに行き、「師匠、勉強に行ってきます」と手を握ると、ぐっと握り返してくれたそうです。

あたしがその前日、行って同じように手を握ったら、握り返してくれませんでした。

「好楽はいいから、王楽、あとはお前に任せた」というメッセージだったのでしょうか。

長男王楽が弟子入り

長男の王楽がそれまで見向きもしなかった落語にハマったのは大学在学中で、後を継ぐことになりました。父親が師匠だったことが本人のためにならなかったケースを見てきたので、あたしは師匠の円楽に弟子入りさせました。

息子とあたしたち夫婦の三人で円楽のもとを訪ね、弟子入りをお願いしました。円楽は名前を二つ用意していました。

「どっちがいいかな」と筆字で半紙に書かれていたのは「王楽」と「光楽」。

妻のとみ子には「きょうは弟子入りのお願いに行くのだから、いつもみたいなため口はダメだよ」と言ったのに、名前を見て「師匠、こっち」。「王楽」を選ぶとわかっていたのでしょうが円楽はわざと「とみちゃん、これではダメかい？」と見せたのは「聖楽」でした。

王楽は円楽最後の弟子になりました。

王楽の本名は一夫。この名前を付けてくれたのは八代目林家正蔵。夫人のマキさんが俳優・長谷川一夫のファンだからです。

大名人二人に本名と芸名を付けてもらった王楽は幸せ者です。

そんな王楽が自分の息子たち二人のゴッドファーザーに選んだのは春風亭小朝。「理史」と「康至」という名前をもらいました。

円楽の「浜野」

師匠・円楽の噺で好きなのは「三年目」です。

仲のいい夫婦の妻が病気で死ぬ。死ぬ前に夫とある約束をかわします。そして三年目に……という、美人の幽霊まで出てくる噺ですが、体が大きく押し出しも強い円楽は、女性を演じさせたら意外とうまい。三遊亭円生ゆずりのネタで、円楽に頼んであたしも十八番にさせてもらいました。

ほかに「廏火事《うまや》」「宮戸川」もよかったですね。

閉めるという噂が出始めた寄席「若竹」の終章の頃、高座でかけた「浜野矩《はまののり》随《ゆき》」も忘れられない名演でした。聞いていて号泣しました。

名工といわれた指物師の後を継いだ息子のために命を投げ出す母親の愛を描いた人情噺の傑作です。

「浜野」を巡ってこんな話があります。

妻のとみ子と円楽は大の仲よしでした。

あるとき円楽がとみ子に自分の「芝浜」を聴かせて感想を求めたことがありました。

とみ子の答えは「あんなお金、あたしだったら使っちゃうわ」。

腕はいいが酒を飲んでばかりで仕事をしない魚屋の夫。しっかり者の女房は、何とか仕事をさせようと尻を叩いて河岸へと送り出します。ところが時刻を間違えて河岸は開いておらず、立ち寄った芝の浜で拾ったのは大金が入った財布だった、というところから噺が始まります。女房は夫がこの大金に手をつけないように一芝居を演じるというのがこの噺の肝で、夫婦ものを代表する人情噺たるゆえんです。

使っちゃったら、噺にならない。

とみ子の答えに円楽は「ならばこれを」と言ったのが「浜野」でした。

春風亭小朝がプロデュースした「大銀座落語祭」で組まれたトークショーに円楽が出たとき、小朝に頼まれて司会をしたのはあたしでした。

「きょうのゲストはあたしの師匠の三遊亭円楽です」

「はいはい、何でもお話ししますよ」と始まったトーク。途中であたしが話を振りました。

「そういえば師匠。『浜野矩随』、皆さんもご存じですよね。あたしも大好き。師匠の十八番です。『ものごとのわからない女だから聴かせなさい』と師匠に言われ女房にCDで聴かせました」

「とみちゃん何て言っていたかい?」

「芝浜」の一件があるので、「どうせまた」と余裕の表情です。

「『師匠ってさ、本当にお母さんが大好きだったのね』と言っていました」

円楽は一分間、絶句して何も話せませんでした。

子どもの頃、虚弱体質で「体にいい」と牛乳を飲ませてくれたのも母親でした。落語家になってからは芸に行き詰まったとき「お前はよくなったね。名人になったね」と励ましてくれたのも母親でした。そんな母親に対する追慕の情が円楽の「浜野」にはこめられています。

そんな噺の本質を一言で言い当てられて、言葉に詰まったのでしょうね。

円楽の圧倒的名演の記憶、二〇二〇年に亡くなった妻とのこんな思い出があって、あたしは「浜野」を高座で演じることができません。噺は覚えています。一〇年ぐらいしたら高座にかけられる日が来るかもしれません。

五代目春風亭柳朝

大晦日にヨリ夫人と……

八代目林家正蔵の総領弟子、あたしの兄弟子です。

人気落語家で、立川談志、五代目三遊亭円楽、古今亭志ん朝と並んで、「落語界の四天王」と呼ばれ一世を風靡《ふうび》しました。東京・新橋の出身。正統な江戸弁をしゃべり、落語の登場人物そのまま、江戸っ子を絵に描いたような、威勢がよくて粋でいなせな落語家でした。

落語界のトップランナーとして活躍している春風亭小朝の師匠でもあります。

最初に会ったのは正蔵の一門会でした。あたしは前座見習い。向こうはテレビやラジオ番組でも顔を売っている人気者。

あたしの顔を見て「おう、しっかりやれよ」と声をかけてくれましたが、江戸っ子のにおいがぷんぷんする若大将ぶりです。格好いいなと思いました。

正蔵門下の弟弟子たちは柳朝のことを「師匠」と言わず親しみをこめて「ウチの柳朝あんちゃん」と呼んでいました。正蔵も「あんちゃん」です。

二代目橘家文蔵は「林家一門のお奉行様」と言っていました。

その文蔵から「柳朝のところへちゃんと入門の挨拶に行くように」と言われました。夏の終わりのことです。

「お中元を持って伺います」と安請け合いしたものの、行かないまま時は過ぎて大晦日。お歳暮代わりに池袋ショッピングパークで五〇〇円ぐらいの総菜ものを買って、豊島区椎名町《しいなまち》（現・南長崎）にあった柳朝の家へ出向きました。

西武池袋線椎名町駅から歩いて五分。当時、巨人軍の選手がかかったことで有名だった「吉田接骨院」の裏手にある古いアパートに柳朝夫妻は住んでいました。

「うちに入った新弟子ののぶおだ」

「あらまあ、よく来てくれたわねぇ。志ん朝さんに似てるわ。お茶でも」と女将のヨリさん。

「お茶なんて出さないでこいつは飲めるんだから、ビールだよ」

初めて訪ねてきた前座見習いの弟弟子にビールを勧める兄弟子は粋です。

「こんないい兄弟子はいない。一生、付いていこう」と思いました。

当時、大晦日にNET（現在のテレビ朝日）で放送されていた「笑って笑って大合戦」に出演する柳朝は、新宿コマ劇場へ行く前で着替えの最中でした。「紅白歌合戦」の対抗番組です。

ヨリさんは新橋烏森の飲み屋で働いていたときに柳朝が惚れて一緒になったそうです。姉御肌できっぷがよくて酒も強い。柳朝が出掛けたあと、ヨリさんとサシで午前二時頃まで日本酒を二升五合あけました。何を話したのか覚えていません。

翌朝九時に、正蔵のもとに新年の挨拶に行ったら全員が紋付き袴姿で勢ぞろいしていました。あたしが、最後です。

「皆さん、おめでとうございます」と言ったら正蔵から「お前が先に来なきゃダメじゃねぇか」と雷を落とされました。

居住まいを正した柳朝もいました。あたしと女将さんが飲んでいるところに帰って来ないのに。

味をしめたあたしは翌年の大晦日にも柳朝宅を訪ね、ヨリさんと二人で飲みました。

柳朝夫妻はあたしが一番、お世話になった方です。

九蔵を襲名してからはあたしのことを「きゅう坊」と呼んで可愛がってくれました。

ヨリさんは椎名町の顔でした。街を歩けばあちこちの店から「女将さん！」と声がかかります。落語家仲間が訪ねてくれれば柳朝がいなくてもヨリさんを先頭に街へ繰り出して飲み歩きます。落語家の女将さんの鑑のような人でした。

落語家の女将さんは皆、ヨリさんのような性格の人かというとそうでもないことはあとからわかりました。引っ込み思案の人、暗い人、落語家仲間が訪ねてきているのに顔も出さない人などさまざまです。

宵越しの銭を持たない江戸っ子

あたしが結婚して二つ目になったとき、柳朝は新宿末廣亭のトリに出るときがありました。弟弟子のあたしは浅い（早い時間）上がりで出番があります。

事情をよく知る妻は、あたしが出掛ける前に「きょうのトリは柳朝師匠でしょ。帰って来るのはあしたの朝ね」。

「わからないよ」と言ってはみたものの、寄席がはねると柳朝は「行くぞ！きゅう坊」。それから新宿の夜の街へと繰り出します。キャバレーやスナックなどをハシゴしてお開きになるのは妻が予言した通り翌朝。それが一〇日間続きました。

柳朝は人には「食え食え」と勧めるくせに自分はほとんど食べず、ブランデーやウイスキーなど洋酒を好んで飲んでいました。

女性がいるところへしか行きません。

財布は持たず札束をむき出しのままシャツの胸ポケットに入れて、そこから気前よく払っていきます。柳朝は売れっ子です。テレビやラジオ番組のレギュラー、寄席、お座敷など脇の仕事もあって相当稼いでいたはずです。

もらったお金は右から左へ、宵越しの銭は持たない江戸っ子です。貯蓄をしたり、家や土地を買ったり、生命保険に入ったりなどということは全く考えなかったのでしょうね。

地方公演などで一緒に新幹線に乗ると大変でした。

車内販売が通るたびに何か買うのです。

「おぅ、ビール飲め」「ホヤがあるぞ」「ウイスキー水割りはどうだ？」

お金は使うもの。納めておくことがいやだったのでしょうね。

あたしの弟子に聞いたことがあります。

「お前たち、これまで飲んだ酒の中で一番、おいしい酒は何？」

なかなか答えられない質問ですが、あたしは決まっています。

あたしは、椎名町の家を訪ねたとき柳朝が飲ませてくれたウイスキーです。銘柄はわかりません。柳朝は戸棚からいかにも高級そうなウイスキーを取り出すと、厚手のどっしりと重いウイスキーグラスに注いでくれて「飲んでごらん」とただ一言。

いただきました。これまで飲んだことがない、うまい酒でした。酒の自慢もすることなく、弟弟子に自ら注いでくれる姿も格好がいい。忘れられない味です。

「くさくない」噺

酒ばかり飲んでいたわけではありません。

噺の稽古もつけてもらいました。

ちゃんと教わったのは「宿屋の仇討《あだ》ち」「茶の湯」「三方一両損」。あとは「俺がやって聴いて覚えたのはやっていいぞ」と言ってくれました。

柳朝の落語は、もともと江戸っ子だからなまりがなく正調の江戸弁を話します。

あたしたちのお手本です。あの言葉の発音は「柳朝師匠が言うのだから間違いはない」と楽屋の連中は思っていました。

一言で言うと柳朝の噺はくさくないのです。

噺の中でここは肝心だというところになると、自然と力が入ってくさい演出になるところが往々にしてあるものです。柳朝の場合はそれがない。肝心だという部分をわざとまたいで過ぎるように。テレもあったのでしょうね。噺は波風立てずに心地よく流れていきます。なのに、噺全体に花が咲いているようです。

典型的な柳朝落語に触れることができるのは「宿屋の仇討ち」です。いまでもYouTubeなどで音源が残っています。聴いてみてください。代表作はこれと「鮑《あわび》のし」ですね。

柳朝のような「鮑のし」をやるのが三遊亭小遊三です。地方公演のとき一緒になって聴いたとき、彼には「柳朝あんちゃんの噺を聴いているようだ」と言ってやりました。

柳朝は楽屋でも人気者でした。法螺《ほら》吹きで、その法螺が面白いんです。

「この間、香港のキャバレーで飲んでさ……」

また始まったと楽屋の連中はわかっています。

「変な奴がいて、それがまた金持ちのお旦（旦那＝スポンサーのこと）でさ。シャツとかみんなその場で作ってくれたんだ」

嘘だとわかるから可愛いんですよ。

先代の三遊亭円歌は、歌奴を名乗っていた頃、「法螺の歌奴」と呼ばれていました。

「この時計はお旦が三〇〇万円で作ってくれた」とか、麹町《こうじまち》に建てた豪邸について「〇億円した」とか具体的な数字を盛って言っちゃう。高座でそれを披露してお客に嫌がられていました。

柳朝と古今亭志ん朝は大の仲よしで、柳朝は志ん朝のことを本名で「強次」と呼んでいました。立川談志は「柳朝にいじめられた」と周りには言っていました。ですが自宅には柳朝の写真が飾ってあったそうです。芸を認めていたし、好きだったのでしょうね。

正蔵と柳朝のかけ合い

あたしは酒のしくじりなどで正蔵から二三回、破門を食らっています。

正蔵はあたしに「破門」を言い渡したあと、必ず柳朝に電話をかけました。

「あんちゃん、うちの信夫（あたしの本名です）を辞めさせるよ」

すると電話の向こうで柳朝があわてて「ちょ、ちょっと待ってくださいよ。せっかく入ったんだから」。

「辞めさせるといったら辞めさせるんだ」

こんなやりとりのあと、必ず柳朝は椎名町からタクシーで稲荷町にあった正蔵の家まで駆けつけてくれました。

そして「師匠、あたしがこっぴどく叱ってやりますから。今回は許してください」。

「お前さんが言うんじゃしようがないね」

まるで二人して組んでいる、というよりこんな小芝居を楽しんでいるように見えます。

いまなら広沢虎造の浪曲「清水次郎長伝」で次郎長が乱暴者だけども憎めない子分、森の石松を叱るときのシーンを思い浮かべます。

そんなことが何回もありました。

ひょっとすると正蔵は、あたしの破門にかこつけてめったに来ない「うちのあんちゃん」の顔を見たかったのかもしれません。柳朝もなだめ役をやることで師匠への義理を立てることができる。

「たまには顔を見せておくれ」

「はい参ります」とはならない見栄っ張り同士が師弟愛を確かめ合うためにあたしをだしに使ったのでしょうか？

あるとき、同じようなやりとりのあと、柳朝は正蔵に言いました。声が大きいので電話口から聞こえてきます。

「そんな奴のことはもう放っておきましょう。そいつ辞めさせてください」。いつもの応対ではありません。

びっくりした正蔵は平静を装いながら「そうかい？」。何だか声が寂しそうです。「あたしのとこに引き取りましょう」と柳朝。さらに「うちに来させてください。これからは」と言った。一瞬間があって、正蔵は「そんなことは言ってねぇだろ。馬鹿野郎」と怒声を発し、電話をガチャッと切った。

あたしは師匠と兄弟子に好かれているのだな、と思いました。その場でもう二度としくじりはするまいと反省しました。ですがこの一件のあとも何度もしくじりをやらかすのですが。

着道楽

高座に上がるときの着こなしも落語家によって違います。円楽はランニングシャツを着てから長襦袢《ながじゅばん》に着物、円生は衿付きの肌襦袢の上に着物、志ん朝は肌襦袢の上に着物。柳朝は浅草の着物専門店「永澤屋足袋店」でそろえた半襦袢の上に長襦袢を着てから着物。着道楽でおしゃれな人でした。

瀧川鯉昇から聞いた話です。

名古屋の大須演芸場で柳朝が連日、トリをとることになった。スーツケースいっぱいの着物を持ち込んでずらり並べて楽屋にかけておいたそうです。ところが飾っただけで一度も着なかった。

「見せるために持って来たのでしょうね」と鯉昇は言っていました。楽屋入りするとき柳朝は洋装。後輩たちの間で、「師匠、どちらでお求めになったのですか？」と聞くのが決まりごとでした。

「この時計はどこで？」

「これはよぉ、伊勢丹」

他人が自分のおしゃれに気がついて、いろいろと聞いてくれる。そのことに対して答えるのがうれしい。自慢もしたい。子どものようなところがありました。

冗談を言いそうな穏やかな顔で……

不摂生がたたったのか、四〇歳を過ぎて柳朝は、糖尿病で健康不安を抱えるようになりました。医師の診察を受け、言われた通り、食事療法や投薬治療を行えば快方に向かったかもしれません。ですが、医師にそういうことを言われれば逆に「ふざけるんじゃねぇや」と言うことを聞かない人です。

自分の状態はよくわかっていたと思います。十八番にしていた「大工調べ」などの啖が思い通りにできなくなって内心忸怩《じくじ》たる思いもあったでしょう。どこか痛いときでも「そんなもんモルヒネ打っておけばいいんだよ」と強がりを言ったりします。

柳朝とあたしと、兄弟子のはやし家林蔵と飲んで椎名町の家へ送っていったときのことでした。柳朝は酔ってぐすぐすになり、歩くのもおぼつかない状態です。玄関に入るときは「いま帰ったよ」とろれつが回らない酔っ払いでしたが、そのうち何を言っているのかわからなくなってきました。

ただならぬ事態にあたしは「女将さん、やばいですよ。救急車ですよ」。なのにヨリさんは「あんた酔ったの?」と声をかけ、「大丈夫よ。演技よ」と「いつものふう」と言わんばかりです。

ところが、亭主に声をかけてもまともな答えが返ってこないから、やっと大事であるということに気がつきました。

「えっ、どうしよう」と半泣きになって、「あんた何か欲しいものがあるの？」と柳朝に聞きました。

急に優しくなったヨリさん。あたしたちも「あんちゃん大丈夫？」と声をかけ続けました。

柳朝は答えました。

「なみ」

「なみ？」

まさかと思いました。「波」とは柳朝が弟子の小朝、一朝、正朝を連れてよく行く東中野のスナックの名前です。

「波、波のママに会いたい」とろれつが回らない口で言いました。

それを聞いたヨリさんは「馬鹿野郎」と亭主の頭を叩きました。

柳朝はまだ五三歳。脳梗塞でした。

六一歳で亡くなるまで高座復帰はなりませんでした。

倒れてから柳朝は車椅子の生活になり、ヨリさんが献身的な介護で支えました。汚いアパートの部屋を出て、自分たちの娘のように可愛がっていた喫茶店のママさんが持っているマンションの一室に引っ越しました。

柳朝は「あー、うー」以外、言葉を発することができなくなっていました。会話をするときは「五十音表」を指します。

あたしの妻のとみ子も柳朝夫妻が大好きで、よく二人で訪ねていきました。柳朝は言葉を失っても、心は落語家のままでした。「五十音表」でも、よく私たちを笑わせてくれました。

「こんとは、えっ、『今度は』ですね」

「え、ん、か、のはんだ」

「今度は円歌の番だって師匠」

大笑いです。

落語家の一門は疑似家族のようなものです。血のつながりはないのに、弟子は師匠に恥ずかしい思いをさせたくないと、育ててくれた恩を返そうと、一生面倒をみます。人間の情の世界を表現するのが落語の世界ですもの。この世界のいいところでもありますね。

売れっ子になった弟子の春風亭小朝も物心両面から柳朝夫妻の面倒を見ていました。

あたしも弟弟子としてできる限りのことをしました。

大好きな兄弟子の夫婦をいつまでも間借りのままでいさせるわけにはいかないと思いました。あたしは正蔵一門を離れ、三遊亭好楽になっていました。ですが兄弟弟子の関係は一生続きます。

「都営住宅に申し込んでみたらどうか？」と言ってくれる人がいて、あたしはたった一人で、一カ月間、当時有楽町にあった都庁に日参し、柳朝夫妻の窮状を訴え、入居させてくれるようお願いしました。

その願いが通じたのでしょうか？　光が丘のバリアフリーの都営住宅に入居することができました。

一九九一（平成三）年二月七日、柳朝は亡くなりました。すぐに起き上がって冗談を言いそうな穏やかな死に顔でした。

柳朝が亡くなってからもヨリさんとの関係は続きました。夫婦で家を訪ねたり、旅行にお誘いしたり、好楽一門の忘年会などにお呼びしました。

コラム① 伝統芸能としての落語

落語のはじまりは江戸時代の元禄年間初期、三五〇年前ぐらいと言われています。ネタは何万とありますが、現在まで残っている噺はおよそ三〇〇話。内容がつまらなかったり、差別的表現があったりして現代社会ではできない噺、意味のわからない噺などを除いて高座にかけられる噺は二〇〇話ぐらいでしょう。

あたしは酒ばかり飲んで、現在は稽古もあまりしていませんが、三〇〇話は覚えています。これも若いときにいろいろな師匠、兄弟子から教わった賜物。好楽一門の弟子たちにも「いまはできなくても覚えることだけはしておきなさい」と話しています。

落語を体の中に入れておけばいつかやる機会がやって来ます。あたしも夜、寝ていてほとんど無意識にぶつぶつやっているときがあって、ふと気がついて「あれ、何の噺だっけ」と思うときがあります。

「京橋の観世新道に武隈文左衛門という親方がいて……」なんて。実在の横綱を主人公にした「阿武松」という噺なんですよ。こんな具合に自分でもびっくりすることがあります。

落語が取り上げるテーマはさまざまです。

怪談、親子、夫婦、殿様と家来、商家のご主人と番頭などの主従をテーマにした噺などは現代にも通じます。時代が変わっても人間の情の世界は同じなのでしょうね。

江戸から明治にかけて活躍した名人、三遊亭円朝が作った「牡丹灯籠」「塩原多助」「乳房榎」「芝浜」などいわゆる「円朝もの」などを除いて、落語のほとんどは作者不詳。歌謡曲のような版権はありません。

こうした噺こそ落語家の財産です。師匠から弟子に落語家同士で伝えられていまに至っているのです。いまでこそCDやYouTubeなどで昔の落語家の高座に触れる機会がありますが、それ以前は高座をそのまま文字起こしした速記本などが残されているだけ。基本は人の口から耳へ伝える口伝の世界です。

考えてみればすごい話ですよね。

お茶やお花、剣道や柔道などの武道は月謝をとって教えてもらいますが、落語家はそれがない。「師匠こんどあの噺の稽古をしてください」「兄さん、『芝浜』教えてください」で誰から頼まれても時間の許す限り無料で教える、昔から伝わっている落語家同士のルールです。

立川談志が興した立川流では月謝をとっていたそうですが、あれは一種のシャレだったのでしょうね。

「師匠、あの噺はどなたから教わりましたか?」

「あれは◯◯さんからです」

そんなふうにしてルーツをたどっていくといったいどこにたどりつくのでしょう。綿々と続く「噺のリレー」こそ落語の命であり、力なんですね。

版権がない落語ですが、誰かが得意としている噺を高座にかける場合には仁義のようなものがあります。

あたしの師匠だった八代目林家正蔵は、一〇〇〇話以上のネタを持つ落語界の生き字引みたいな人でしたが、「芝浜」はやりませんでした。

直接、理由を聞いたことがあります。

「三木さんが先にね、芸術祭をとった。それを邪魔しちゃいけない。あの人の十八番にしてあげないと」と言っていました。

三木さんとは三代目桂三木助のこと。「芝浜の三木助」と言われるほど「芝浜」を得意とし、一九五四（昭和二九）年にこの噺で文部省芸術祭奨励賞を受賞しました。一九六一年（昭和三六）年に胃がんのため五八歳で亡くなりました。

七代目橘家円太郎

「屁のマラソン」

八代目林家正蔵一門の兄弟子です。

蝶花楼馬楽時代の正蔵に弟子入りし、のちに八代目桂文楽一門に移籍しましたが、正蔵門下へ出戻りました。「円太郎」の名前は、春風亭小朝の弟子、つまり正蔵の曾孫弟子のあさりが継ぎ、八代目になりました。

息子さんは大手テレビ局の重役で立派な方でしたが、父親の円太郎はちょっと違いました。八王子に住んでいたので「八王子の師匠」と呼ばれていました。

あたしが前座のとき、新宿末廣亭の楽屋に入っていると割りを取りにやって来るんですよ。割りとは出演料です。円太郎は「予備」の扱いでした。出演する予定だった人が何かの事情で来られない、番組に穴が開く、そんなときに高座を務めるための助っ人のような存在です。なので最初から番組表に名前は載っていません。

めったに穴など開くはずもなく、円太郎もそれを知っていて着物も持って来ない。

「出もしないのに割りなんて渡す必要もない」と言う人もいましたが、あたしは二日に一回出る割りを用意しておきました。こういう割りだけをもらいに来る師匠が五、六人いました。

楽屋に入ると、お茶を飲んで世間話をして三〇分ほどで帰っていきます。お爺ちゃんがお小遣いをもらいに来るような感じです。

円太郎も「じゃあ汽車に間に合わないから……」と言って早々に帰っていきました。

高座では「鹿政談」ばかりやっていました。

あと得意ネタは「屁のマラソン」。浅草演芸ホールでよく高座にかけていましたね。

実にくだらない噺です。よーいドンでおならをしてそれをつかみ、かけっこ。ゴールで一番、臭かった奴が勝ち。誰も臭わないのに一人だけまだ臭う。オチは「実を握っていた」。

あたしは兄弟子ということもあったので気安く口をきくことができました。「屁のマラソン」をやったのを知っているのに、出番が終わって楽屋へ降りてくるなり聞きました。

「師匠、何をおやりになったのですか？　まさか『屁のマラソン』ではないでしょうね？」

「えっ、当たっちゃった」と恥ずかしそうな円太郎。

調子に乗るあたし。「座りなさい、師匠。いい歳をして何をやっているのですか？」

楽屋はバカウケです。

「八王子からわざわざ来て、やる噺ではないですよね」

「そうだな」と頭をかく円太郎。

二代目古今亭甚語楼

いつ噺が終わったのか……？

初代柳家三語楼に入門し、のちに古今亭志ん生門下になった人です。

あるとき楽屋で、ボソッと「俺さ、きょうロクオンとってきたんだよ」と言いました。

楽屋に巣くう高齢の師匠連中は「ロクオンだってよ。きざだね。一席やってギャラをもらったらしいゼ」と言っています。

あたしは本人に聞いてみました。

「そうなんですか？　師匠、放送局はどこですか？　文化放送ですか？」

甚語楼の答えは「西武園」。

「西武園で仕事があったんですか？」

よくよく聞くと、西武園競輪で「6―4」をとった、と。

のけぞりましたね。

そんなつまらないシャレを言う甚語楼は影のような人でもありました。

いつ高座から降りてきたのかわからないのです。

「ご苦労様です」と送ったはずの師匠が、いつの間にか楽屋の隅に座っています。

はっとして見ると高座には誰もいません。前座の仕事で大切なのは「高座返し」です。

あわてて飛び出して座布団を返し、めくりをめくりました。

聞こえないような声で、ぼそぼそとしゃべって、客席の笑い声も拍手もないからいつ噺が終わったのかわからないのです。

その癖して、楽屋では「お茶がぬるい」だの「熱い」だのと口うるさいので皆から嫌われていました。

たぶんあまりやる気もなかったのでしょう。割りだけもらえればいいやという気持ちで高座に上がっていたのかもしれません。

四代目柳亭春楽

「うちの金魚が死んだ……」

　二代目談洲楼燕枝に入門。落語家としてデビューしましたが、のちに得意の声色《こわいろ》（声帯模写）で高座に上がるようになりました。あたしが前座の頃は声色の師匠でした。

　歌舞伎役者の声色をやっていました。

　それもほとんど知らない人の声色です。当時の歌舞伎界で人気の若手は三代目市川猿之助です。ワイヤーで体を吊って、客席の上を飛ぶ「宙乗り」など新しい趣向を伝統芸能の世界に取り入れ、一世を風靡した役者です。

春楽の場合、高座に上がると「歌舞伎の声色からお付き合いを。まずは初代の市川猿翁から」。この方、一九六三（昭和三八）年に亡くなっています。

懐かしいと思うお年寄りはいたのでしょうが、ほとんどのお客さんはその方を知りません。似ているか、似ていないかなどもわからないのに客席から拍手はありましたが。粋なものですね。大好きな師匠でした。

春楽は、夏場に甚兵衛を着て寄席入りしたことがありました。

大きな下駄を履いて、頭には麦わら帽子です。信玄袋をぶら下げた姿を見た前座連中は「師匠、きょうはまたいいなりですね」。

春楽の答えがいかしています。

「出掛けるとき、うちのかーちゃんがね、しっかりトンボを捕ってくんだよ、って言っていたよ」

当意即妙、粋なシャレであたしたちを楽しませてくれる春楽が、あるとき、楽屋でふさぎ込んでいます。顔色もよくありません。

「師匠、お茶でございます」

普段は「ありがとね」とか「お前さんの師匠は元気かい？」などと声をかけてくれる春楽が何も言いません。

心配です。前座連中も「何かあったのか？　お前聞いてこい」と白羽の矢が立ったのがあたし。「師匠、きょうはお元気がないようですが、何かございましたか？」

聞いてもふさぎ込んで口をきかない春楽。

「どうなさったのですか？」

しばらくしてやっと口を開いてくれました。

「あのね、うちの……金魚が死んじゃったんだ」

のけぞりました。前座連中も笑いをこらえています。ですが、笑うわけにもいかず「師匠、それは大変でしたね。可愛がっていたのでしょ？」と慰めるのが精一杯。心の優しい師匠でした。最後の方は「予備」で楽屋に顔を出していました。

四代目古今亭志ん好

やかんの志ん好

二代目三遊亭金馬に入門。戦争中、一度引退をしましたが、のちに古今亭志ん生門下になった人です。「やかんの志ん好」と呼ばれていました。

「やかん」とは落語のネタで、何でも知ったかぶりをするご隠居さんと八五郎のやりとりがおかしい噺です。

そのとき、楽屋で話題になったのはハワイのことです。

志ん好は「あたしはハワイに行ったことがある」と言い出しました。

「師匠が行った頃はどうでしたか？　ハワイ」

「あの頃はまだダイヤモンドヘッドもなくてね」

楽屋でもおしゃべりでしたが、高座に上がるとやたらと知識をひけらかすので持ち時間に関係なく一時間しゃべっちゃう。

志ん好があるとき吉原に招待されたそうです。町内の年寄り連中がお客さんで「昔の廓の話をしてください」と頼まれました。

志ん好は、吉原の名前の由来、「見返り柳とは」、「大門《おおもん》とは」など歴史を延々と話しました。お年寄りの皆さんが全員、知っているような話です。一時間半もです。

不評だったそうです。「そんな話は全部知っているよ」と。

お客さんはきっと落語のネタにある「廓噺《くるわばなし》」の何かを聞きたかったのでしょうね。

そんな話をする志ん好もどうかしていますが、聴く方もあとからそんな話をしないでいいのに、と思いました。

コラム②「笑点」について

一九六六（昭和四一）年五月一五日から日本テレビで放送されている長寿番組です。番組名である「笑点」の名前は、当時のベストセラー小説だった三浦綾子の「氷点」から。

あたしがレギュラーメンバーを務めている「大喜利」は、もとは寄席の余興です。現在、「笑点」は二週間に一回、土曜日に二本ずつ収録しています。

メンバーはいずれも売れっ子なので日程調整が容易ではありません。時々、三本撮りも行います。午前一〇時頃に会場入りし、午後三時には終わります。二本撮りでも収録が終わると、出演者も、スタッフも、お客さんもへとへとになります。三本は本当に大変です。

大喜利の放送時間は一六～一七分程度ですが、あれは編集されたもので実際は三〇分以上、あーでもないこーでもないとやっています。

お題は事前に提示されているのか？と聞かれることがありますが、お題はいずれも過去にやったものを少し内容を変えたり、アレンジしたものばかりです。

「なぞかけ」や「川柳」は落語家の得意分野です。

「こういう問題だよ」ということがわかると、回答が思い浮かぶのです。

回答者としていつも先陣を切っていたのが亡くなった桂歌丸でした。第一回からの回答者で、深い「笑点」愛があります。横浜市真金町《まがねちょう》の家には一回目からの番組のテープが残されており、日本テレビが周年記念番組を作るとき借りに行くぐらいです。

歌丸が真っ先に手を挙げて、完璧な回答を披露すると、あたしたちも後に続くことができます。とはいうもののテレビで見ている視聴者の皆さんにはひんぱんに手が挙がっているように見えますが、手が挙がらないことも多くあります。

スタッフの編集技術が優秀で、途中で切って上手につないでくれます。

「とちっちゃった」と思ってあとで放映を見直したら、とちっていません。

ディレクターから言われているのは、「とちっても間違えたという顔をせず、その部分を繰り返してください」ということ。正しくは「東京駅」と言うべきところを

「京都駅」と言っちゃった。そういうときは「東京駅」と言い直す。そうすると編集でつないでくれます。

番組の演出上、回答の順番が替わって放送されることがあります。だからよく見ると座布団の数が微妙に違っていることもあって、視聴者から「座布団は二枚のはずなのに三枚になっている」「残っていた一枚はどこへ行った」などの指摘を受けることもあります。番組を見るときの参考にしてください、ってどーでもいいじゃないいねぇ。そんな細かいこと。

古今亭志ん五

三つ下の明るい後輩

志ん五が六一歳で亡くなってから二〇二一年の九月で一一年になります。一九四九（昭和二四）年生まれですから年齢はあたしより三つ下。古今亭志ん朝の一番弟子としてあたしより少し遅れて入門。同じ時期に前座時代を過ごしました。

現在のようにテレビの番組にいわゆる「芸人枠」と呼ばれるものはなく、番組の進行役やリポーター役を若手落語家がやっていました。

二つ目時代、志ん五とあたしは二人でコンビを組んでテレビ番組に出演していました。フジテレビのお昼の番組「ハイヌーンショー」で志ん五とコーナーを持っていました。

師匠の志ん朝譲りの落語は本寸法。出っ歯で大柄で、明るい芸風でした。与太郎をやらせたらうまかったですね。

結婚した奥さんのよしみさんは大学時代、新宿末廣亭でアルバイトをしていた人です。

その頃は彼と結婚する前でしたが、あたしのことを気に入ってくれて世話になりました。

当時、末廣亭の裏にはおでんの屋台が並んでいました。よしみさんはおでん屋のおやじに「九蔵さんっていう有望な前座さんが来るから飲み代は私につけといて」と言ってくれたのであたしはただで飲み食いができました。

結婚してから二人は日暮里に一軒家を借りて住み、二つ目時代、あたしの家にもよく来たし、あたしもよく泊まりに行きました。夫婦そろって一滴も酒を飲まないのに仲間を連れてくるあたしのことも歓待してくれました。

真面目な性格で人望も厚かったことから落語協会の幹部にもなり、これから落語界を背負って行こうとした矢先に病に倒れました。

よしみさんはいま書道の先生をしています。あたしの弟子でスウェーデン人の三遊亭好青年というのがいますが、いま書道を習わせています。

弟子の志ん八が二〇一七（平成二九）年に二代目志ん五を襲名しました。

九代目入船亭扇橋

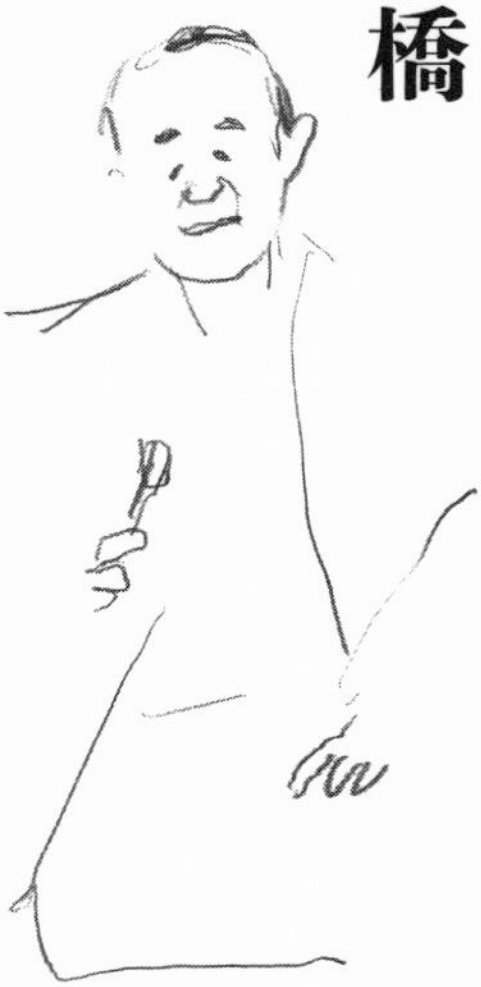

「噺には人格が全部出る」

二〇一五（平成二七）年に八四歳で亡くなった入船亭扇橋も思い出深い落語家の一人です。

浪曲にあこがれ、一度は浪曲師の木村隆衛に付いたものの「向いてない」と勧められた落語の世界で、三代目桂三木助に弟子入り。師匠没後は五代目柳家小さんのもとへ行った人です。噺のネタを多く持っており、古典派の大看板としていぶし銀の光を放っていました。

現在、寄席でよくトリをとっている入船亭扇遊、扇辰は弟子です。

あたしが結婚してから新宿区中井の妙正寺川沿いのアパートに住んでいたとき、同じく近くに住んでいたのが扇橋でした。酒は一滴も飲めませんでしたが、あたしのことを可愛がってくれました。

「蛇含草」「寝床」は扇橋から教わりました。

笛が上手で、寄席のお囃子で扇橋が吹くときにあたしが太鼓を叩いたこともあります。

あたしは「九蔵」なので仲間から「きゅうちゃん」と呼ばれていましたが、扇橋はなぜか「くーたん」でした。

八代目桂文楽、八代目林家正蔵、三遊亭円生が出たホール落語の名人会の帰り道だったと思います。

扇橋が言いました。

「名人上手と言うけど噺には人柄が出るね。ケチな人にはケチな芸が出る。すけべな人にはすけべな芸が出る。人間って正直ですよ。全部、それをさらけ出すから芸なんです。当人はそれを意識していない」

あたしはまだ前座でしたが、この深い言葉はいまでも覚えています。

「立川談志はなぜ『ねずみ穴』がうまいのか？　ケチだからだよ」

そして扇橋は、三遊亭円生がやる円朝ものの「乳房榎」の「栗橋宿」の段を例に挙げて、「（年増女の）お峰と伴蔵のやりとりはどうして色っぽいのか？　それは円生がすけべだからだよ」。

円生は「乳房榎」や「包丁」で男が女性を襲うシーン、体を許す場面をやらせたら絶品でしたね。桂歌丸も「乳房榎」をやっていましたが、女性を襲うシーンが割愛されていました。どうしてなのでしょうか？

歌舞伎の演目にも「乳房榎」がありますが、舞台に上がる演者は大勢です。円生はそれを一人でやって、震えがくるような感動の一席を演じました。これぞ落語の力、名人芸です。

それを支えていたのは扇橋が言うような人間の本性、人柄だったのでしょうね。

あたしの本性は、単なるいい加減な酒飲みです。

九代目桂文治

「留さんの文治」

八代目林家正蔵が住んでいた台東区稲荷町の四軒長屋の隣にあった二軒長屋に住んでいました。

本名が「高安留吉」だったことから「留さんの文治」と呼ばれていました。また男性自身が大きかったことから、陰ではそれを差す落語の符丁で「ロセンの文治」とも言われました。

前座の頃、あたしは毎朝、正蔵の家に通っていましたが、二軒長屋の前を通ると二階から文治が声をかけてきます。

「おい、のぶ公」

「おはようございます」

「お前のおやじ、どうしてる？」

「まだ寝ています」

「いつまでも寝てるんじゃねぇよ」

「師匠、どちらへ」

「仕事もらいに行くんだよ」

昔は「余興屋」と呼ばれる芸能事務所のようなものが上野に何軒かありました。ウッチャンナンチャンやナイツが所属している「マセキ芸能社」もそのうちの一つでした。

「師匠、ちょうどいいところに来ました。◯◯神社の祭りで一席お願いします」

興行主から仕事を請け負い、落語家など芸人が顔を出すと仕事を紹介してくれる斡旋業みたいなものです。ギャラは現金払いが基本で、税金がどうのとか、そう細かいことは言わない。安直な仕事が主でした。

文治はまめに余興屋に顔を出しては仕事をもらっていました。

「師匠どうでした？」

あとで聞くと「行くもんだね。お祭りの仕事を三件もらったよ。きょうとあしたで三件。お前んとこの師匠みたいに寝てちゃ金にならないよ」。

余談ですが、正蔵にもお祭りの仕事が来ることがありました。「正蔵のような名人が」と思われるかもしれませんが、現在のようにホール落語全盛の時代ではありません。寄席以外の仕事を「ワキの仕事」と言っていましたが、当時の落語家にとって祭りへの出演は重要なワキの仕事でした。

あの時分は「お祭りの仕事ないかい？」と皆、言っていました。

あたしもよくカバンを持って正蔵のお供で行きました。

正蔵は文治と違って大きな祭りにしか出ませんでした。神社の総代ら興行主との間に立ってくれたのが夫婦漫才コンビの大空ヒット・三空ますみでした。大空ヒットの弟子にケーシー高峰がいます。正蔵のことが大好きで、声をかけてくれたのです。

正蔵は「がまの油」などお祭りの雰囲気にふさわしい軽い噺をやっていました。文治の話に戻ります。自分のところで新聞をとっていなかったので、よく正蔵のところへ新聞を読みに来ていました。一部で「ケチの文治」と言われたほどの人です。

弟子に頼んで上野の松坂屋や吉池に買い物に行かせると地下鉄代がかかる。だったら定期を持っている自分で行った方がいい、という考え方をする人でした。ですが本人の名誉のために言いますが、あたしに何かお使いを頼むと必ず五〇〇円お駄賃としてくれました。


「文治」は江戸の桂一門の止め名です。大名跡ですね。

九代目は落語協会の所属でしたが、伸治から十代目を名乗った先代の文治は落語芸術協会の所属です。九代目は十代目の父、初代柳家蝠丸に世話になった。なので九代目は伸治のことを「若旦那」と呼んで可愛がっていました。

生前から「文治の名前は達ちゃん（伸治の本名は関口達雄）にあげるんだ」と言っていました。そんな〝遺言〟があってか正蔵の推薦で、九代目の死後、協会を超えて、伸治は十代目文治を名乗ったという経緯があります。

九代目はあたしたち夫婦の結婚式にも出席してくれました。いろいろとお世話になった忘れられない落語家の一人です。

五代目柳家小さん

恩返しの「一〇円寄席」

落語協会の会長を務めた名人ですが、あたしとちょっとした縁があるんです。あたしと言うより妻・とみ子の実家と、と言った方が正確でしょう。

妻の実家の小澤家は東京・杉並区阿佐谷にあって、家業として三越など有名百貨店に卸すような高級朱肉を取り扱っていました。広い土地や不動産もあり、裕福な一族でした。

義理の父が小さんを贔屓にしていました。義父に聞いたことがあります。

「何で小さんを贔屓にしているのですか？」

「親孝行だからだよ」

その言葉通り、小さんは義理の堅い落語家でした。

その義父が脳梗塞に倒れて歩けなくなり、新宿末廣亭にも通えなくなったとき、小さんは義父のために阿佐谷の実家で「一〇円寄席」を何度も開いてくれました。入場料が一〇円。ボランティアみたいなものです。出演は小さんのほか、奇術のアダチ龍光ら当代の大物芸人をそろえました。小さん自ら声をかけて集めたのです。

実家の身内から聞いた話です。

ある夜、小さんが訪ねてきたそうです。まだ売れる前です。義父は酒肴を調え、若い落語家をもてなしました。

「ご馳走さまでした。お世話になりました」と小さんは喜んで帰っていったのだそうです。

ところが「小さんさん、何か別の用事があったんじゃないの？」と気がついたのは義母です。すぐに後を追いました。案の定でした。

「実はお金に困っていまして」

「そんなことだと思ったわ」と用意しておいた一万円札をそっと渡したそうです。

そんなことがあっての関係で、「一〇円寄席」も恩返しです。

小さんは酒にまつわる噺が得意でしたが、マクラやくすぐりの中で「阿佐谷の小澤さんのところで酒を飲んで」などという一節を話していたそうです。

会長になり、人気も出て、落語が評価され人間国宝になっても、お中元・お歳暮を持って自ら訪ねてきました。

あたしは前座の頃から縁あって阿佐谷へ入り浸り、酒を飲ませてもらっていました。

あたしの落語家仲間を連れていっても嫌な顔一つせず歓待してくれる家です。

あるとき、小さんがお中元を持ってきたとき、三遊亭鳳楽、三遊亭円橋と裸になって飲んでいたことがありました。

「何だおめぇら、あんまり飲むんじゃねぇぞ」と小さんは苦笑いしていました。

小澤家の身内ということもあり、あたしのことはずいぶんと可愛がってくれました。

上野鈴本の寄席がはねると、あたしと鳳楽、円橘を飲みに連れていってくれました。自分の弟子を差し置いてです。

ハシゴ酒になりました。

新宿に「紅」という名前の、小さん一門が出入りしているバーがあって、そこへはよく行っていました。

あるとき、飲みに行った先であたしたちに小さんが言いました。

「お前ら、面白くねぇな」

「どうしたんです師匠」

「こいつら飲ませても酔わないんだよ」

小さんは酒飲みのイメージもありますが、酒はそんなに強くなかった。というよりあたしが強すぎたのかもしれませんが。

八代目橘家円蔵

売れるのには理由がある

メガネがトレードマーク。五代目月の家円鏡の時代から売れに売れて、一時はテレビやラジオ番組などの出演が一週間に六九本あったという逸話があります。どこにチャンネルを合わせても円鏡が出ている、そんなこともありました。

楽屋で聞いたことがあります。

「師匠、そんなに忙しいと娘さん（一人娘でした）を動物園とか、どこかに連れていってあげられないでしょう？」

「馬鹿野郎。俺、朝起きたらすぐラジオの仕事で、帰ってくるのは夜中だから、娘が寝ているときに行って、娘が寝ているときに帰る。一度も口をきいたことがないよ」と言っていました。

ラジオの番組だけでも「午後二時の男」(文化放送)、「円鏡の歌謡曲ドンドン」(ニッポン放送)、「月の家円鏡のハッピーカムカム」(同)など、レギュラーを何本も持っていましたからさもありなんです。

最近、バラエティー番組などで芸人が「過去の最高月収は?」などと聞かれ答えているのを見ますが、円蔵の場合はケタ外れだったのではないでしょうか。江戸川区平井に自ら建てた豪邸がありました。「平井の円鏡」とも呼ばれたゆえんです。

得意のギャグは奥さんの名前をとって「セツコによろしく」「うちのセツコが」。なので地方公演に行くと「師匠、平井はどんなところ?」「今度、セツコさんに会わせてください」とよく言われたそうです。

賑やかなキャラクターそのまま。いたずらっ子のような師匠でした。

あたしが前座の頃、円蔵は楽屋に入ってくるなり、「おぅ、お前ら、ちゃんと働いているか？」。「ご苦労様です」と前座連中が正座して迎えると「お前ら暇か？」。「いまちょっと片付いて、一息ついているところです」「じゃあ、仕事作ってやるから」と円蔵。ゴミ箱の中のゴミをぶちまけました。「俺が来ると仕事が増えていいだろ」「ありがとうございます」と返しましたが、ありがたくない仕打ちです。

売れる芸人というのは売れるだけの理由があります。円蔵は発想が違いました。既存の落語家という枠を超えて、新しいことに挑戦しようという気概がありました。

あるインタビューの中で、「古典落語の登場人物は頭にちょんまげをのっけているようなイメージがあるけど、私はちょんまげの上に鉄兜を被っている人物を思い浮かべています」と答えていたのを聞いて、うまいことを言うなと思いました。

古典落語にしがみついているのではなく、「我が道」を貫くという姿勢。ですが自分の前に古今亭志ん朝が高座に上がっているときは「面白いなぁ、若旦那は……」と夢中になって聴いていました。

この人は本当に落語のことが好きなんだなと思いました。

円蔵がよく高座にかけていたのは「寝床」や「猫と金魚」でした。くすぐりをいっぱい入れた円蔵流の古典でしたが面白かったですね。高座に出ただけで客席はドッカーン、しゃべり始めただけでドッカーン！　存在そのもので笑いをとっていました。

思い出すのはあたしの会にゲストとして出演してもらったときのハプニングです。

あたしの妻・とみ子が円蔵に挨拶をしました。

「師匠、きょうはありがとうございます。うちのがお世話になっています」

円蔵は「お世話してるよ」。

そうしたらとみ子は「いずれはうちがお世話すると思います」と返しました。

円蔵は何も言えなくなりました。あたしもびっくりしました。よくそんなこと言えるなと驚いたね。

このエピソードを円蔵は、のちに演芸評論家の川戸貞吉氏、保田武宏氏の両巨匠に話したそうです。

「貞やん、九坊（あたしのこと）のかかあは、なんであんなこと言ったんだい？」

「甘いよ。俺も保田さんもとみちゃんには勝てない」

「そういう女か」と円蔵は納得したとか。

コラム③　楽屋の珍客

一、サインおじさん

ある時、楽屋を訪ねて「サインください」とねだるお客さんがいました。あたしたち前座連中も暇だったので応対することにしました。

色紙を持っています。

「誰のサインですか？」

「皆の」

求められるままに書きました。

「三遊亭円朝」「グレゴリー・ペック」

「おい、お前、グレゴリー・ペックは外国人の名前だろ」「いいんだよ」

あたしたちの中でそんなやりとりがあって、見事な寄せ書きが完成しました。

「ありがとうございました」とおじさんは喜んで帰っていきました。

二、八王子の斉藤さん

楽屋を訪ねてきて「正蔵さん」「円生さん」と「さん」付けで呼んでいたので、両師匠の古くからの知り合いだったと思います。八代目林家正蔵と同い年だと言っていました。

話では昔、郵便局長を務めていたそうです。昔は駅長と並んで地元の名士です。ですが、前座仲間では鼻つまみ者でした。

意地が汚いのです。楽屋では贔屓の人から差し入れなどで寿司樽が届けられたりします。

その日も寿司樽が届いていました。

八代目林家正蔵から「お寿司でもどうぞ」と勧められた斉藤さん、前座が入れてくれたお茶を飲みながらぱくぱくと遠慮なく食べ始めました。正蔵の高座はそっちのけです。

「もと局長だった人が……」と思いました。

そして次回も。なぜか斉藤さんが来るときに限って寿司が届いています。

「あの人、においに誘われてくるのかね?」と楽屋では噂になっていました。

昔、正蔵や円生がお世話になったのでしょう。だから楽屋でもてなされていい気持ちになっていたのかもしれません。

三、靴磨きの新井さん

普段は日暮里の駅前で靴を磨いていました。

初めて会ったのは八代目林家正蔵一門の会をやっていた上野本牧亭の楽屋ででした。

一門は毎年、三一日がある月に「余一会」といって落語の会をやっていました。

「今度、弟子に入ったのぶおです」

「名前ないの?」

「まだです」

「ならのぶちゃんと呼ぶよ」

それが最初でした。

「余一会」の案内を弟子が手分けして三〇〇人に出します。出しても全員が来るわけではありません。正蔵は日本作家クラブの会員だったので、招待者の中には「村上元三」ら当時売れっ子だった作家の名前も散見されます。

正蔵は社会的地位や職業などに関係なく分け隔てなく付き合っていたので、新井さんも招待客の一人でした。

前座時代です。

ある時、用事があって日暮里の駅で降りたら、本当に新井さんがいました。

「新井さん、俺だよ。覚えている?」

「おう、のぶちゃん。靴磨いてやるよ」

「こんな汚い靴いいよ」

「いいんだよ。乗せなよ」

新井さんは靴を磨きながら言いました。

「お前さんの師匠は偉いね。こんな時代にあんなできた人はいないよ」

新井さんは靴墨もつけずに靴を磨いています。ただあたしとしゃべりたかっただけかもしれません。

「急ぎますんで」とも言えずにお付き合いしていました。この人は本当に正蔵のことが好きなんだなと思いました。

　ですが新井さんが正蔵の落語をまともに聞いているところは見たことがありません。正蔵のことが大好きで、楽屋を訪ねるのを楽しみにしていたのでしょう。

　正蔵は新井さんに「これでおそばでも食べておくれ」とお小遣いを渡していました。それが目的だったのかもしれませんが。

　正蔵と新井さんはどこで出会ったのでしょう。孤独な新井さんにとって正蔵は、分け隔てなく親切に接してくれた初めての人だったのかもしれません。

笑福亭仁鶴

上方爆笑王の「時うどん」

二〇二一（令和三）年八月に亡くなった笑福亭仁鶴も忘れられない落語家です。「こんにちは」と出てきただけで客席はドッカーン。「誰やねん」と続けてドッカーン。上方の爆笑王でした。

初めて会ったのは東宝名人会です。

上野鈴本、新宿末廣亭、池袋演芸場、浅草演芸ホール、当時あった人形町末廣は、落語協会と落語芸術協会が交互に一〇日間ずつ番組を作り、所属の芸人だけを出演させていましたが、東宝名人会では演者は協会に関係なく上がっていました。トリの常連は八代目林家正蔵、三遊亭円生、五代目柳家小さん、芸術協会からは六代目春風亭柳橋、五代目古今亭今輔です。ほかに若手として五代目三遊亭円楽、古今亭志ん朝、立川談志、五代目春風亭柳朝、色物は奇術のアダチ龍光、三味線漫談の都家かつ江らが上がっていました。

仲入り前の前が色物で、その前にゲスト枠があってよく上方の落語家が上がっていました。

あたしが楽屋入りして出番を見ると「笑福亭仁鶴」。

「ジンカク？　ニカクか。どんな落語家だろう」と楽しみにしていると、入ってきたのはエラが張った顔の冴えないおじさん。「この人で大丈夫かな？」というのが第一印象でした。

楽屋の隅の方に座り、お茶を出すと、ぼそっと「えらいおおきに」と一言。東京の落語家の中に入って居場所がなかったのかもしれませんが。

仁鶴が爆発的に売れる前のことです。

高座でやったのは「時うどん」。初めて聞きました。江戸の落語でいう「時そば」の上方版です。三代目柳家小さんが上方の「時うどん」を東京へ持ってきた、という話もあり、そちらが本家かもしれませんが。仁鶴はあたしが初めて聴いた「時うどん」で客席をドッカーン、ドッカーンとウケさせています。この人は化けるのだろうなと思いました。

「時うどん」は合わせて一二回聴きました。

公演は一〇日間ですが、金曜日と土曜日は昼夜興行。なので一二回。仁鶴はネタを変えることなくすべて「時うどん」をやりました。

仁鶴の出演は、吉本興業が彼を東京へ売り出すために組んだものだったのかもしれません。だから東京の落語ファンにもわかりやすい「時うどん」一本勝負。この戦略が当たったのかどうかしりませんが、このあと一年で仁鶴は売れ出し、全国区の落語家へとのし上がっていきました。仁鶴の師匠、六代目笑福亭松鶴が「うちの仁鶴は反乱児や」と認めるぐらいの売れ方でしたね。

あたしは、上方落語協会所属の落語家とも交流があります。何人かに「仁鶴の

『時うどん』を聴いた」という話をすると、「一度も聞いたことがない」という答えです。仁鶴は得意ネタにはしなかった。この時限りの噺だったのかもしれません。

亡くなった桂枝雀の「時うどん」が面白かったから「仁鶴はやらないようになった」と言う人もいました。

仁鶴は売れっ子でしたが、孤高の芸人のイメージがあたしの中にありました。弟弟子の笑福亭鶴瓶や笑福亭鶴光から「親しく飲んだ」というような話を聞いたことがありません。

同じ弟弟子で亡くなった六代目笑福亭松喬から聞いた話です。

仁鶴は当時、三枝だった六代目桂文枝と上方落語協会の会長の座を争ったことがあります。会長選は投票で、司会をしていたのが松喬でした。

「おもろかったですわー。うちの仁鶴と三枝兄さんの対決ですわ」

票を読み上げる松喬。「三枝、三枝、三枝……」

弟弟子が兄弟子の名前を呼べない。大差で三枝が勝ちました。

「その場に仁鶴、三枝はいるの？」と松喬に聞いたら、「三枝兄さんは自分が受かると思っているから紋付き袴で座ってますわ。仁鶴は自宅待機」。

「えっ？　自分は受からないとわかっているの？」

「わかってますわ。だって人気ありまへんがな」

あんたたちの兄弟子やろ、と思いましたが。

仁鶴はその名声と伝説のほかに素晴らしいものを後世に残しました。弟子で、現在の上方落語協会会長の笑福亭仁智です。性格もよくて人格者。六代目桂文枝が会長を退いたあと、次期会長を選ぶに際して、彼が会長になることに文句を言う者は誰もいなかったということです。

ある部分、師匠を反面教師にしていたのでしょうか？

上方落語の四天王

四者四様の魅力

現在、上方落語協会所属の落語家は約三〇〇人です。寄席「天満天神繁昌亭」も開業一五年を迎えています。人気者も多数輩出し落語のみならず各方面で活躍しています。

そんな上方落語ですが、関西では漫才主流の風潮の中、上がる高座もなく一時は存続の危機に立たされていた時代もありました。あたしが前座だった昭和四〇年代前半には上方の落語家はたった一二人まで減ったことがありました。

そんな時代、「上方落語の灯を消すな」と奮闘していたのが上方落語の四天王と呼ばれる人たちでした。

六代目笑福亭松鶴、三代目桂米朝、三代目桂春団治、五代目桂文枝です。

あたしも公演などの場で四人にお世話になったことがあります。

松鶴は、コワモテの大酒飲みで破天荒、傍若無人な振る舞いが逸話として残っていますが、あたしが接した限りでは礼儀正しい紳士のイメージです。正蔵の前では借りてきた猫のようにおとなしくしていました。

米朝は地方公演などでご一緒したことがあります。

後を継いだ五代目桂米団治を通じて、息子の王楽に稽古をつけてくれるようお願いしたら二つ返事で受けてくれました。

王楽が教わったのは自らが作った新作落語の「一文笛」。人間国宝から王楽は大切な財産をいただきました。

余談ですが、亡くなった四代目桂三木助が米朝のもとを訪れ落語の稽古をつけてもらったことがありました。

四代目の父親は「芝浜」を得意ネタにしていた三代目。米朝とも面識があります。

そんなこともあって、東京からわざわざやって来た御曹司の稽古が終わったあと、米朝はねぎらいの意味で高級メロンを出しました。ところが三木助がこの世で一番、嫌いな食べ物はメロン。まさか断るわけにもいかず涙を流しながら食べたそうです。米朝は感激の涙と勘違いした……そんなことはありません。

春団治は、ネタ数が一〇席ほどしかないのに、上方落語の特徴を出した高座は絶品。公演でご一緒したときの穏やかな人柄が印象に残っています。

四人の中で一番、親しくさせてもらっていたのが文枝でした。当代の文枝の師匠が小文枝を名乗っていた頃、義理の弟や橘流寄席文字の橘右之吉らが中心になって「東京小文枝の会」を作っていた関係でお付き合いするようになりました。会があるたびに連れだって飲みに行きました。そんなこともあって、当代の桂文枝とも親しくさせてもらっています。

三者三様ではなく四者四様。皆さん、素晴らしい落語家たちでした。

笑福亭鶴瓶

「好楽兄さんとあたしはそっくりや」

　上方落語界の中で一番親しくさせてもらっているのが笑福亭鶴瓶です。最初に会ったのは春風亭小朝と泰葉がホテルオークラで行った結婚披露宴の席でした。司会を務めていたのが鶴瓶でした。

　あたしは司会者の席に行って「大変だね、司会」。

「そうなんですわ、兄さん。小朝に頼まれて」

　たった一言、言葉を交わしただけですが、お互い何か通じ合うものがあったのでしょうね。以来、会うたびに「行く？」「お供します」の関係になりました。

鶴瓶は言います。

「好楽兄さんとあたしはそっくりや。考えることも一緒や」

二〇二〇（令和二）年四月、あたしの妻・とみ子が闘病の末、大腸がんで亡くなったとき大きな花を持って桂米助と一緒に弔問に駆けつけて、泣いてくれました。

ほんま、えらい、いい男ですよ。

それからちょくちょく「しのぶ亭」を借りてくれるんです。朝、電話がかかってきて「兄さん、きょうの夜、稽古したいんですけど貸してくれますか？」なんてこともあります。

「稽古」といっても一人でぶつぶつやるのではなく、お客さんを入れます。そして当日の朝、決めた会なのに寄席は超満員になるんですよ。

そして手伝ってくれた私の弟子たちに一杯ご馳走してくれて、お小遣いまでくれます。師匠と弟子、そろってお世話になっています。

二〇一五（平成二七）年に鶴瓶がしのぶ亭でネタおろしをした噺があります。何かの機会にタモリから聞いた江戸時代の花魁、扇屋の花扇の実話をもとにした新作落語でした。

「兄さん、聴いてください」と言われ、あたしも一番、後ろの席で聞きました。人情噺で感動しました。

その翌年、歌舞伎化され、中村勘九郎と七之助が出演して「赤坂大歌舞伎」で披露されました。それが「廓噺《さとのうわさ》 山名屋浦里《やまなやうらざと》」です。

鶴瓶の落語は日常生活で見聞きしたことをネタにしています。

「すべて本当の話です。作らないからスベらないんですよ」と話していました。鶴瓶はなぜか「それ本当？」と思うような不思議な経験を多くしているようです。

得意としている新作落語で「青木先生」というものがあります。高校時代に教わった実在の現国の教師を主人公にしたものです。

鶴瓶はあるとき離島に呼ばれて行ったそうです。なぜか「青木先生」を高座にかけたくなって一席やったら、客席で一人、泣いているご婦人がいる。泣かせる噺ではないのですよ。そうしたらその方はその島に嫁いだ青木先生の娘さんだったそうです。

これは一例ですが、そんな偶然を引き寄せるのも鶴瓶の才能でしょうね。彼の行動は見ていても面白いですよ。会う人誰とでも友達になっちゃう。そういう点もあたしと似ています。

八代目桂文楽

「もう一度勉強し直して参ります」の瞬間

まるで神様のような憧れの人でした。

落語にハマっていた高校時代、テレビで見る文楽は、品のあるお爺さんで、「厄払い」なんていう馬鹿馬鹿しい噺を面白おかしく、それでいて品よくやっていました。その文楽が楽屋に入ってきたときは感激しました。

コートを着て、杖をついて、カバンを持った弟子を従えています。全身からオーラが漂っています。こんなきれいな人が、小汚い新宿末廣亭の楽屋に来ちゃうんだ、と思いました。

末廣亭の楽屋は一階と二階にありました。一階の奥には火鉢が置いてあって、そこに座ることができるのは三遊亭円生や八代目林家正蔵といった落語協会でも大幹部クラスの古参。文楽はそこへは座らず、まっすぐ二階へと向かいました。二階の楽屋は、太神楽《だいかぐら》や奇術、漫才など主に色物芸人の場所です。

周りに気を使ってのことでしょう。

文楽は、持ちネタの少ない落語家でした。「明烏《あけがらす》」「寝床」「船徳」「富久」など合わせて三〇席ほど。そのうち高座にかけるのは一八席だったと言われています。ただし、その少ない持ちネタを極限まで磨いて高座にかけました。なので最初から最後まで、細部の表現にいたるまですべて一緒。生の高座に合わせて過去に録音したテープをかけたら同時に終わったという逸話もあります。

当時、紀伊國屋寄席に文楽が上がるとTBSのアナウンサーだった鈴木治彦、山本文郎が一席終わったあとにインタビューする「おたずねしますお答えします」というコーナーが設けられました。これも文楽の噺の尺が足りない、つまり持ち時間の前に噺が終わってしまうために行っていたという説があります。

「お疲れ様でした、黒門町さん。結構な『船徳』でした。ところでご趣味は……」なんて具合です。出演していた円生、正蔵は三〇分以上、たっぷり噺を聞かせるのでそのコーナーには出ませんでした。

文楽の最後の高座は一九七一（昭和四六）年八月三一日。国立演芸場で行われた第四二回「落語研究会」でした。演目は「大仏餅」。途中、登場人物の一人、神谷幸右衛門の名前が出てこなくなって、噺につまり「申し訳ありません。もう一度勉強し直して参ります」と頭を下げて降りた。以来、高座に上がることはありませんでした。

あたしはそのとき、楽屋にいました。

歴史的な瞬間に立ち会ったことになりますが、それはあとでわかったことです。客席はざわつきました。でも「たいしたことはない」と思いました。「気分が悪いから途中で降りて帰っちゃったんだな。あれくらい人から敬われるような人はそういうことも平気でできちゃうんだな」ぐらいな感じでした。

いつ勉強し直してくれるんだろう、と思っていましたが、その後、一度も高座に上がらず亡くなりました。

最後の高座といえば、古今亭志ん生が出た一九六八（昭和四三）年の東京・内幸町のイイノホールの精選落語会もあたしは前座として楽屋に入っていました。そのときは「二階ぞめき」をやっていたのにいきなり噺が「王子の狐」になっちゃった。

昭和の名人として人気があった文楽と志ん生の人間性の違いを対比させる意味でこんな話もあります。

あるとき、息子の古今亭志ん朝が高座に上がる前に、かけるはずの噺の中で登場人物の名前を忘れてしまいました。焦って「おやじに聞こう」と電話をかけて「名前は何だったっけ」と聞いたら、返ってきた答えは「そんなの何だっていいんだよ」。その瞬間、志ん朝は名前を思い出しました。

仮に文楽のように噺の途中で登場人物の名前を忘れてしまったとしたら志ん生

ならどうしたか？　適当な名前を言って帳尻を合わせてしまったことでしょう。

あたしも息子の王楽から言われます。

「おやじはつっかえてもそのまま降りてきちゃう」

文楽か志ん生か、といえばあたしは志ん生タイプなのかもしれません。

四代目三遊亭小円遊

酒癖の悪い、愛すべき先輩

一九八〇（昭和五五）年一〇月、静脈瘤《じょうみゃくりゅう》破裂のため旅先で四三歳の若さで急逝するまで、一年ほど「笑点」の大喜利メンバーとして一緒に出演していました。金遊の名前で出ていた頃から売れていた人気者。「笑点」のほかに地方公演にも連れ立って行っていました。

酒癖はめちゃくちゃ悪かったです。「三遊亭小円遊師匠はお断り」と書かれた張り紙が立ち寄り先のスナックなどの店頭にされてあったほどです。

酒席でいばり散らし、暴れて、最後は絡み酒になります。皆、同席するのを避けていました。

「出入り禁止」の店にはわざと顔を出すし、自分を避けて逃げ回る人は追いかけ回していました。林家木久扇もよく標的にされていました。

追いかけられ、河原まで逃げてほっと一息ついたら、土手の上に小円遊がすごい形相をして立っている。「あんな怖いことはなかったよ」と言っていました。

「僕ちゃん、きのうご飯松茸を食べました。松茸ご飯じゃないのよ。松茸の中にご飯がちょびっと入っている。僕ちゃん、やになっちゃう」

キザを売りにして、そんなギャグを言って客席を沸かせていました。

師匠の四代目三遊亭円遊譲りの本寸法の落語を演じる実力もありました。ですが高座では派手な着物を着て、スタンドマイクで漫談をやったりしている。「笑点」のキャラクターも「キザの小円遊」で、桂歌丸とのまるで喧嘩のようなやりとりも人気がありました。

本来の自分ではない、キャラクターを演じ続けている。そんなプレッシャーを紛らわせるために大酒を飲んでいたと言う人もいました。

あたしと飲んでいるときは、いつもご機嫌で芸談を交わしていました。皆が避けていたので、まともに芸の話を聞いてくるような後輩はいなかったせいかもしれません。

あとで人から聞いた話です。最後の旅に出掛ける前に主治医が家を訪ねてきて言ったそうです。

「師匠、体の状態が大変なことになっています。旅に出たら危ないですよ」

「俺の仕事に口を挟まないでくれ」と旅に出た小円遊。酒に命を奪われ、これからというときに短い生涯を終えた愛すべき先輩でした。

六代目小金井芦州

突然ずぶ濡れで落語会にあらわれて……

講談協会の会長を務め、無形文化財になった講談師です。赤羽《あかばね》に住んでいて、この方も大酒飲みでした。

常打ちで講談をかけていた寄席が、当時あった上野本牧亭。公演が終わったあとお客さんと飲んだ。ついつい飲み過ぎて、乗った電車の中で寝てしまった。目が覚めたら「次は終点、仙台」。これはまずいと上りの東北本線に乗った。また寝て目を覚ますと「次は終点、上野」。

思わず一言「赤羽は遠いな」とつぶやいた。こういう逸話を持つ名人です。

八代目林家正蔵のことが大好きで、「稲荷町の師匠とは兄弟分」と言っていました。そんな関係で弟子のあたしも可愛がってくれました。

絡み酒で、酒癖も悪く、弟子も避けていましたが、あたしとはさしつさされつ。師匠同様に「兄弟」と呼んでくれました。

寄席などでばったり出くわすと「兄弟、いたのかい？　きょうはついてるね。行こう行こう」と付き合わされました。

昔、四谷の蕎麦屋であたしは落語会をやってもらっていました。

お客さんに蕎麦を食べてもらったあと、落語を聞かせるという会です。円楽一門は寄席に上がることができなかったので、寄席代わりに使わせてもらっていました。

その日は土砂降りの雨でした。

入りはどうかと客席の様子を見た後輩が飛んできました。

「師匠、小金井先生が見えています」

「芦州《ろしゅう》先生が？　土砂降りの中を。お前、人違いだろ」と言いつつ客席をのぞくと確かに芦州その人が座っています。

すぐに後輩をやらせて芦州を、楽屋代わりに用意された部屋にお呼びしました。

「何ですか先生。どうしてここがわかったのですか？」

「俺もね、四谷の街を久しぶりに歩いていたんです。そうしたら兄弟の名前を見つけた。これで素通りしたら怒られると思ったから」

芦州、ろれつが回らずかなり酔っ払っています。

「別に怒りませんよ。知らなければいいことですから。木戸銭は？」

「払いました」

「えっ！　払わなくてもいいんですよ」

酔い覚ましのビールを持ってこさせて、勧めました。

先生はずぶ濡れ。

タクシーを呼び、タクシー代もお渡しして赤羽まで帰ってもらいました。

芦州が座っていたところもびっしょりと濡れています。

「雨がひどかったからなぁ」

あたしの弟子が「雨だけじゃないみたいです」。

お土産を置いて先生はお帰りになりました。二〇〇三（平成一五）年、七六歳で亡くなった芦州晩年の出来事です。

三波伸介

スナックで大男が殴りかかる

日本を代表するコメディアンとして活躍しました。一九八二（昭和五七）年一二月八日、五二歳で急逝するまで一二年の長きにわたって「笑点」の司会者を務めていました。

余談ですが「笑点」の出演料は、「大喜利」メンバーは皆同じですが、あとから聞いたところによると三波だけ破格だったようです。それだけ大物だったということですね。

あたしたちと接するときはいつも穏やかで優しい人でした。

「九ちゃん」と呼んで可愛がってくれました。

一度だけ、驚いたことがありました。

「笑点」は一年に何回か地方で収録します。

その日は地元関係者らと打ち上げがあって、三波、あたし、林家こん平、林家木久扇、六代目三遊亭円楽、テレビ局のスタッフ何人かで小ぎれいなスナックへと繰り出しました。

あたしたちは楽しく飲んで騒いでいました。

そうしたらいきなり入り口のドアが開きました。体の大きいコワモテの男が、入ってくるなりまっすぐ三波のところへ近寄っていきます。

何事か、と思っているうちにバチン、バチンと三波のことを叩き始めました。

顔が青ざめ、「何だこの野郎」と大声を上げるこん平。店内は大騒ぎです。

あたしと円楽で男を取り押さえました。

あたしは一瞬、思いました。

「三波さんもスターになる前に売れないときが長かった。なのでその土地を仕切る怖い人たちに何か不義理を働いた。きっと三波さんがここにいると聞きつけて借金の取り立てか、ヤキを入れに来たのかもしれない」と。

そうしたら店のママが男に向かって「〇〇ちゃんダメじゃない。どうしたの？」と言っています。

顔見知りというより常連のようです。

あとからわかったことです。男は三波の大ファンで、「生涯に一度、会いたい人は三波伸介しかいない」と公言していたとか。それを知っていたママが電話で呼んだ。会いたかった人が目の前にいる。「会いたかったよ〜」と感激のあまり三波の体に触れた。体が大きくてコワモテなので叩いているように私たちの目には映ったのです。

この話を聞いて三波も「びっくりしたなぁ、もう」と苦笑していました。

男はそれからしょげかえっていました。

三波が急死したときは驚きました。正月番組を撮って四日後のことでした。

コラム④ 森下「みの家」のこと

あたしが入門してからしばらく落語協会の忘年会は江東区森下の「みの家」でやっていました。桜（馬肉）鍋を食べさせる老舗です。

古今亭志ん生、八代目桂文楽が贔屓にしていたことは、現在も二人が墨書した羽子板が店に残されていることからもわかります。

忘年会は師走のどこか、日を決めて店に午前一〇時集合。落語家のほか色物、お囃子全員が集まりました。

当時、会長だった三遊亭円生の挨拶から会は始まります。

続いて八代目桂文楽が一言。八代目林家正蔵から乾杯の発声があって、飲んだり食べたりの宴会です。とはいえお開きは正午。寄席は開いています。前座連中は二〇分ほどで中座して、準備のため寄席へと散っていきました。

宴会の途中で会計報告もありました。

協会の事務員が「現在、協会には八五〇万円の預金があります」。

お金の計算があまりできない連中です。自分がもらうわけでもないのに「万」という言葉を聞いて拍手と歓声が沸き起こりました。

そんな雰囲気に正蔵が「こないだテレビを見ていたら七〇〇万円もする犬の話をやっていた。たいして変わらないね」。

皆ずっこけました。

正午に解散。寄席で出番がある人は一杯気分で高座に上がります。

お客さんは言いました。

「きょうはみんな赤い顔してろれつが回ってないなぁ。誰かまともな奴はいないのか?」

あとがき

あたしの落語家人生の序章は、池袋演芸場のかぶりつきでした。古今亭志ん朝らの唾がかかるぐらい近くで演じられる落語を聴いて青春時代を過ごしました。八代目林家正蔵のもとに入門し、前座見習いを経て寄席の楽屋に入りました。そうしたら高座に上がっていた憧れのスターたちが目の前にいました。そんな人たちから声をかけてもらえたり、お世話をしたりするのがうれしくてうれしくて。辛いことなんて一つもなかった。こんなに楽しい仕事はない。落語家は天職だと思いました。いまでもその気持ちに変わりはありません。

しくじりもたくさんしました。そのたびに師匠をはじめ兄弟子、先輩たちが優しく導いてくれました。

この本の登場人物はすべて五五年間の落語家人生の中で出会った人たちです。ほとんどの人たちは鬼籍に入りました。ですがあたしの中ではまだ生き続けています。夜、寝ているときにふとあの人があのときに言った言葉を思い出す、目覚めたときに兄弟子の言葉が聞こえてくる、そんなことはしょっちゅうです。

スポーツニッポン新聞紙上で二〇二一（令和三）年三月から、「我が道」という連載で一カ月間、あたしの人生を振り返りました。話の中に登場するいまは亡き人たちが「思い出してくれてありがとう」「この話は後輩たちに伝えておいてくれ」と言う声が聞こえてきました。それがこの本を書くきっかけにもなりました。

懐かしい人たちの思い出話は、高座に上がり落語のマクラで話すこともあります。弟子と酒を飲んでいるときに披露することもあります。

弟子が「師匠、その話は前に聴きました」と言わないのはあたしの教育がいいせいでしょう。聴いたふりをしているだけかもしれませんが。嫌がられてもあたしは何度でも思い出話をします。なぜならあたしの落語家人生は、油絵にたとえるならお世話になった落語界の先人たちが下塗りをしてくれたキャンバスの上に描いた絵だからです。そして恩送りのためにもあたしが次の世代のために下塗りをする義務があります。

そんな思いをこの本からくみ取っていただければ幸いです。

時代の波に翻弄されるのが伝統芸能の世界です。はやり廃りは当たり前で、落語界も現在に至るまでさまざまな危機を経験してきました。

古くは明治維新、二度の大戦を乗り越え、そしてコロナです。落語界は史上最大の危機に見舞われたと言っても過言ではないでしょう。感染防止という観点から落語家が噺をする場所を奪われたからです。寄席は閉まり、あちこちで行われていた落語の会もできなくなりました。かくいうあたしも正真正銘の「暇人」となりました。

リモートの会、YouTubeなどいろいろな試みが行われましたが、やはりお客さんあっての高座です。あたしの寄席「池之端しのぶ亭」が危機的状況の中、細々とではありますが、若い人たちが勉強する場所を提供し続けることができたのは幸いでした。

小さな寄席ですが、自分が所属する団体に関係なく落語家たちが高座に上がってくれます。もともとあたしは、同じ落語界に生きているのだから団体などどうでもいいという考え方を持っています。二人の師匠、八代目林家正蔵も、五代目三遊亭円楽も広い視野を持ち、落語界全体のことを常に考えていました。

落語家たるもの寄席に来るお客さんのためにも、落語界の将来のためにも狭い枠組みにとらわれず自由闊達に活動して欲しい。特に若い人たちは。そのためには助力を惜しまないつもりでいます。

あたしと一緒に「しのぶ亭」を作った妻のとみ子は二〇二〇年に亡くなりました。前座時代に結婚し、金婚式まであと一年でした。いい加減で、酒飲みで、お金が入れば右から左へと使っちゃうあたしをずっと支え続けてくれました。いまのあたしがあるのはとみ子のおかげです。

笑福亭鶴瓶が言いました。「とみ子姉さんがいなくなったら、兄さんは糸が切れた凧みたいなもんや」

はい。その通りです。

正蔵、円楽も亡くなりました。そしてとみ子もあの世に行きました。あたしの人生で怖かった人、三人がいなくなりました。七五歳。もう怖いものは何もありません。

芸の道は一生です。先輩には抜かれませんが、後輩には抜かれます。

芸の上では皆、ライバル。三遊亭好楽、落語家人生であともうひと暴れさせてもらいますよ。

志《し》ん朝《ちょう》、円楽《えんらく》、談志《だんし》……
いまだから語《かた》りたい
昭和《しょうわ》の落語家《らくごか》　楽屋話《がくやばなし》
好楽《こうらく》が見《み》た名人《めいじん》たちの素顔《すがお》

二〇二一年一二月二〇日　初版印刷
二〇二一年一二月三〇日　初版発行

著者　三遊亭好楽《さんゆうていこうらく》
編集協力　原朗
発行者　小野寺優
発行所　株式会社河出書房新社
〒一五一－〇〇五一　東京都渋谷区千駄ヶ谷二－三二－二
電話　〇三－三四〇四－一二〇一（営業）／〇三－三四〇四－八六一一（編集）
https://www.kawade.co.jp/
組版　北風総貫＋津山勇（ヤング荘）
印刷　三松堂株式会社
製本　三松堂株式会社

Printed in Japan　ISBN978-4-309-29180-2